大学生健康及运动体适能的教学与训练

俞忠友 / 著

吉林大学出版社
·长春·

图书在版编目（CIP）数据

大学生健康及运动体适能的教学与训练 / 俞忠友著. -- 长春：吉林大学出版社，2022.8
ISBN 978-7-5768-0933-6

Ⅰ.①大… Ⅱ.①俞… Ⅲ.①大学生—身体素质—健康教育—教学研究②大学生—体育运动—教学研究 Ⅳ.①G807.4

中国版本图书馆CIP数据核字(2022)第200276号

书　　名：大学生健康及运动体适能的教学与训练
DAXUESHENG JIANKANG JI YUNDONG TISHINENG DE JIAOXUE YU XUNLIAN

作　　者：俞忠友　著
策划编辑：张宏亮
责任编辑：张宏亮
责任校对：滕　岩
装帧设计：雅硕图文
出版发行：吉林大学出版社
社　　址：长春市人民大街4059号
邮政编码：130021
发行电话：0431-89580028/29/21
网　　址：http://www.jlup.com.cn
电子邮箱：jldxcbs@sina.com
印　　刷：长春市中海彩印厂
开　　本：787mm×1092mm　　1/16
印　　张：11.25
字　　数：200千字
版　　次：2023年1月　第1版
印　　次：2023年1月　第1次
书　　号：ISBN 978-7-5768-0933-6
定　　价：72.00元

版权所有　翻印必究

内容简介

体育课程是大学生以身体练习为主要手段,通过合理的体育教育和科学的体育训练,达到增强体质、增进健康和提高体育素养为主要目的的体育必修课程,是实施素质教育和培养全面发展人才的重要途径。本书以健康体适能的概念阐述入手,引出基础性健康体适能的教学训练,进而分别探讨基础运动体适能、专项技能体适能、休闲运动体适能等三方面训练,论述健康运动体适能的教学实践。本书可作为体育专业相关学者及教师及体育爱好者的参考用书。

目 录

第一章　健康体适能的相关基础理论概述 ················· 1
　第一节　了解体适能的内涵及界定 ······················ 1
　第二节　健康与体适能的相互关系 ······················ 9
　第三节　国内外健康体适能的发展现状 ·················· 12

第二章　健康体适能基础教学训练 ······················· 17
　第一节　身体成分的获得与管理 ························ 17
　第二节　心肺适能的获得与管理 ························ 24
　第三节　柔韧素质的获得与管理 ························ 28
　第四节　肌肉适能的获得与管理 ························ 33
　第五节　大学生健康体适能的获得与管理 ················ 36

第三章　运动技能体适能教学训练 ······················· 41
　第一节　走与越野行走 ································ 41
　第二节　跑与定向越野 ································ 47
　第三节　跳跃与跑酷 ·································· 53
　第四节　平衡与攀岩 ·································· 59
　第五节　游泳与冬泳 ·································· 67
　第六节　大学生运动技能的建立与管理 ·················· 73

第四章　专项技能体适能教学训练···81
第一节　田径运动技术体适能训练···81
第二节　篮球运动技术体适能训练···89
第三节　足球运动技术体适能训练··102
第四节　网球运动技术体适能训练··112
第五节　羽毛球运动技术体适能训练···123
第六节　乒乓球运动技术体适能训练···131

第五章　休闲运动体适能教学训练···144
第一节　传统气功健身体适能训练··144
第二节　武术运动体适能训练··153
第三节　健美操运动体适能训练···157
第四节　跆拳道运动体适能训练···166

参考文献··172

第一章　健康体适能的相关基础理论概述

第一节　了解体适能的内涵及界定

现代文明是一把双刃剑，它使人们有机会享受生活和工作，但也容易危及人们的身心健康。体育运动对人体具有独特的生理和心理影响，是人们保持健康的有效手段。然而，在日常生活中，人们对体育理论认识不深，对体育知识的掌握和运用也不好，尤其是技术的应用更是与之背道而驰，制约了人们对体育理论的深入理解和对自我健康技能的运用。

一、体适能历史发展

体适能的概念源于欧美发达国家，美国的发展是第一个也是最典型的。1879年，哈佛大学的萨金特博士设计了一门专为个人使用、专为体育教学服务的体能课程，使人们能够达到最高的体质水平。他把这种能力定义为身体适应工作、玩耍和任何人都能做的事情的能力。1954年克劳斯·韦伯（Klaus Weber）的体能测试结果显示，美国青少年的健康状况落后于欧洲其他国家。这一统计数字震惊了整个美国，因此美国政府对青少年的身体健康严重关注。1955年，美国为此召开了会议，专门讨论青少年的体育活动和适宜性问题。1957年，美国健康、体育、休闲和舞蹈协会制定了一项青少年适宜性测试，将应用于美国的体育项目。

肯尼迪认识到青少年体育活动和健身问题的重要性，将会议名称改为"体适能总统会议"，首次正式将原来的"体适能"名称改为"适能"。

到了20世纪80年代初，中国台湾、香港地区的体育界、生理学界第一次将这个词翻译成"体适能"，中国内地近年也开始讨论这一名词。体适能从英语"Physical Fitness"翻译而来，虽然"体适能"的概念只在"体能"两个字之间加了一个字，但其对体育锻炼及运动训练领域的意义和影响不容低估。"体能"更倾向于体育锻炼，"体适能"既可以表达适应外部环境的能力，也侧重表达身体适应某一事物的能力。

现时，体质、健康及体能等名词，经常用于各种与体育及健康有关的知识及应用。因此，界定其概念，明确其内容和特点，对于加强体育理论的认识和体育运动的应用具有重要意义。体质是指人的质量、生命活动和工作能力的身体基础，通过先天遗传和后天环境的影响，在成长、发育和衰老过程中逐渐形成的特征，无论在身体上还是在精神上都是相对稳定的。健康不仅是没有疾病和疲惫，而且是身体、精神上的良好状态。身体充满活力，进行日常的工作和休息，对不可预见的紧急情况作出自然的反应。身体、健康和身体抵抗力之间的关系是紧密且不可分割的，身体是保持人体状态良好的基础，健康是身体外在的表现形式。身体是"质量"，健康是"状态"，身体和健康的关系是"质量"和"状态"的关联，"质量"决定"状态"。例如，两个人都表现得很健康，但在身体状况上，两者可能不同，有的人可能拥有很好的力量和速度，有的人可能拥有很好的耐力。

体质与体适能既有相似之处，也有不同之处。相似之处在于，两者都反映了身体对生活、运动、环境等因素的适应性。不同之处在于，体质概念不仅包括人体的形态结构、生理功能和运动能力，还包括心理因素和身体免疫力；体适能强调身体对生活、运动、环境等因素的适应性。体质是身体的质量，是静态的，就像制造商品的"材质"或"材料"。体适能是身体的适应性，是动态的，就像物体的"目的"或"功能"。在某种程度上，"材料"决定"功能"。体适能研究内容包括健康体适能、技能体适能和代谢体适能。健康包括身体、情感、智力、心理和社会健康。健康是一种"状态"，体适能是一项"能力"。健康与体质的关系是"状态"与

"能力"的关系，"状态"决定"能力"。换句话说，当身体处于健康状态时，体适能状况良好；当身体处于不健康状态时，体适能状况不佳。

二、体适能概念及组成

（一）体适能概念

明确的体适能定义可以让人们在追求体育锻炼和运动训练效果的过程中，从更科学、更客观的角度理解和解决问题。"体适能"的概念是西方运动生理学俱乐部首次提出的，它不仅是衡量人类身体健康水平的一个指标，也是体育训练新理念的指导思想。德国称"体适能"为"工作能力"，法国称之为"身体适应性"，日本称之为"体力"，中国香港和台湾地区称之为"体适能"，而中国内地习惯称之为"体质"。

由于种族、文化和国家的差异，各国学者对体适能的理解和定义不同，因此在研究内容和测试方法上存在一定差异。虽然理解和书面表达不同，定义也不一致，但它们的基本思想是相似的。广义的体适能是指人体适应外部环境的能力，是健康概念的延伸。严格地说，它是指人体有足够的体力和精力从事日常工作（学习）而不感到疲劳，有空闲时间享受娱乐活动的乐趣，并能够适应紧急情况的能力。

身体健康与工作、学习、娱乐和应急处理密切相关。体适能可以概括为身体对生活、运动和环境的一种适应性，体适能的提高有赖于科学持久的体育锻炼。一项关于美国身体健康和死亡率的五年后续研究表明，放弃久坐的生活方式并拥有"普通"身体健康水平的人可以显著降低死亡率。死亡率最低的是那些一开始体适能良好，并继续保持良好身体状况的人，死亡率最高的是那些一开始身体状况不佳且没有改善体适能的人。

（二）体适能组成

美国运动医学学会认为，体适能包括健康体适能、运动体适能和代谢体适能。健康体适能活动在西方国家已经成为人们的习惯。同时，他们深入各级学校中教学，并逐渐扩展到与运动体适能和代谢体适能有关的活动。一个人需要这三个健身参数至少达到一个适当的水平，这样身体才能拥有与健康、技能和新陈代谢相关的某些体适能成分。

1. 健康体适能

随着身体素质研究和社会的发展，体适能与健康的结合越来越紧密。健康体适能直接关系到人们参与日常生活和工作的能力，是促进健康、预防疾病和提高工作效率的一项身体要素。健康体适能是指身体的健康状态，包括心肺耐力、柔韧性、肌肉力量、肌肉耐力和身体成分组成。

（1）心肺耐力

心肺耐力指的是一个人持续进行体力活动的能力。心血管和肺功能在体内氧气和营养物质的分配以及垃圾的清除方面发挥着重要作用，尤其是在具有一定强度的活动中，良好的心肺功能更加重要。心肺功能越强，人们走路、跑步、学习和工作就越容易，维持各种活动的时间也就越长。

（2）柔韧性

柔韧性是指身体中每个关节的运动范围，以及肌肉、肌腱、韧带、皮肤和其他组织关节的弹性和伸展程度，可以通过定期体育锻炼来增强。柔韧性是大多数锻炼项目所需的身体成分之一，在提高体力活动水平、防止肌肉紧张和保持良好姿势方面发挥着重要作用。

（3）肌肉力量

肌肉力量是一块肌肉或一组肌肉同时尽最大努力承受耐力的能力。所有的身体活动都需要使用力量。强健的肌肉有助于防止关节扭伤、肌肉疼痛和身体疲劳。需要注意的是，不应忽视某一个肌肉群的发展，否则会影响身体的结构和形态。

（4）肌肉耐力

肌肉耐力是指一块肌肉或一组肌肉在一段时间内反复收缩的能力，其与肌肉力量密切相关。肌肉强壮、耐力好的人更容易抵抗疲劳，因为这样的人可以反复收缩肌肉。

（5）身体成分

身体成分包括肌肉、骨骼、脂肪等。体适能与身体脂肪的比例关系更为密切。脂肪过多的人是不健康的，在活动中需要比其他人消耗更多的能量，这对心肺功能的影响很大，更容易患心脏病和高血压。运动是控制脂肪增加的重要手段。为了保持身体健康，我们必须注意能量吸收和能量消耗之间的平衡。

2.运动技能体适能

运动技能体适能是指能够成功地参与各种运动的身体要素，包括敏捷、平衡、灵敏性、力量和速度。这些不是每个健康人所固有的，它们更容易受到遗传因素的影响，要想具备这些品质需要动态学习的过程，而一旦具备这些技能，人们将更容易参与高技能性运动，享受在运动中更多乐趣。

（1）速度

速度是指快速移动的能力，即在最短时间内移动一定距离的能力。在许多竞技运动中，速度对于个人取得优异成绩非常重要。在日常生活和工作中，速度表现为改变速度的能力，如何快速改变身体位置、避免危险等。

（2）力量

力量是指在短时间内克服阻力的能力。许多竞技运动，如举重、铅球、标枪投掷等，都能体现一个人的力量。力量在日常生活和工作中也很重要，因为站立和行走等所有活动都是基于肌肉力量进行的。

（3）灵敏性

灵敏性是指在活动过程中快速准确地改变身体运动方向的能力。灵敏性在很大程度上取决于神经肌肉的协调性和反应时间。神经肌肉协调主要指反映一个人视觉、听觉、平衡和掌握运动技能的能力。

（4）平衡

平衡是指在移动或停止时保持身体稳定性的能力。滑冰、滑雪、体操、舞蹈等都是提高平衡能力的运动项目。

3.代谢性体适能

代谢性体适能是近年来出现的一种适应度参数，主要包括血糖、血脂、血胰岛素、骨密度等。它与许多慢性疾病的发病以及锻炼的效果直接相关，但不一定与健康有关。通过运动，降低血脂水平，控制血糖，提高骨密度，可以改善身体的代谢，减少运动中各种疾病的发生，保证身体的整体健康水平。

三、体适能层次划分

体适能可以是知识和技术的传授，也可以是通过比赛和游戏使身体适应体育活动的效果，人们愉快地、自愿地、建设性地利用闲暇时间参与其中。因此，健身具有体育活动和娱乐活动的共同属性。在"身体健康"的三个类别中，与健康相关的体适能指的是普通人促进身心健康、预防各种疾病、提高工作效率和提高生活质量所需的能力。它是普通体育健身和特殊体育健身的基础，这对任何人来说都是极其重要的基本能力，自下而上的安排也反映了上层人群的减少和整体健康水平的提高。体适能与其既有相似之处，也有不同之处。只有彻底了解体适能，把知识与实践结合起来，才能达到身心健康、健康生活的目的。

通过划分体适能层次，我们应该意识到健康和竞技体育有不同的要求。不同群体或个人的身体素质可以代表不同的含义：对于普通大学生或普通人来说，他们更关注健康的体适能。每个人在不同的年龄阶段、环境和条件下都有不同的健康需求。例如，当一个人处于童年和青春期时，他需要通过锻炼以促进全身器官和系统的全面生长和发育；在青年，锻炼是促进肌肉形状和力量增长，是保持身体形态的必要条件；到了中年，我们需要通过锻炼来保持旺盛的精力和预防疾病，以更好地承担起工作和生活的责任；在老年，锻炼对于延缓衰老、保持健康和延长寿命是必要的。一个身体健康的人并不一定拥有优秀的体适能，但拥有优秀体适能的前提是拥有健康体适能。因此，身体素质水平可根据不同群体的需求进行划分：适应基本生存；适应日常生活和基本活动；适应生产性工作和娱乐活动；适应运动。以上四个方面的顺序反映了运动技能、代谢体适能和健康体适能之间的对应程度。

四、大学生体适能需求

普通高校学生的年龄一般为18岁～24岁，是生长发育的第二高峰，也是系统学习健身知识和各种运动技能，养成健身习惯的最佳时间。就学校体育环境而言，体适能可分为两类：与学生健康相关的"健康体适能"和与学生运动技能相关的"运动技能体适能"。学校体育应在保证学生身体健康的基础上，拓展运动技能体适能和身体素质的教育，二者的有机结合可以促进学生的体适能得到全面有效发展。

学校阶段的健康体适能主要是指学生能够适应学习，应对日常活动，形成良好的生活习惯；运动技能体适能主要是指学生在课外参与各种活动时所需的一般运动能力，包括速度、爆发力、敏捷性、协调性、平衡性、反应时间、准确性等要素，以及应对突发事件的身体能力和反应能力。运动技能体适能可分为与基本一般运动能力相关的一般体能运动技能体适能和与特定体育赛事相关的特殊技术体适能。

虽然健康体适能和体育健身的运动技能体适能是不同的，但与加强健身体适能是有同源性的。健康体适能的真正出发点是必须在初级阶段加强体育锻炼，而运动技能体适能是加强身体素质的高级阶段。

五、体适能发展趋势

（一）体适能与健康的有机结合

随着社会的发展和人们生活和工作压力的增大，体育的健康功能越来越受到人们的重视。在"生物心理学社会"的现代模式中，健康的概念包括三层含义：生理的、心理的和社会的。

体适能与健康密切相关，个人锻炼能力是衡量健康水平的标志，适应不同运动负荷的能力是对人体功能状态和身体状况的反应。因此，对健身的研究必然会带来健康观念的变化。从西方国家对体适能与健康研究方向来看，研究重点已基本转向与健康相关的体能，特别是心肺功能、身体成分、肌肉耐力、肌肉力量和柔韧性对健康的影响。良好的心肺功能可以预防心血管疾病；适当的身体成分可以避免肥胖引起的高血压、高脂血症等疾病；良好的肌肉耐力和力量是完成日常活动的基础；柔韧性和健身能力可以防止运动中的损伤和疲劳以及运动器官的老化。只有具备上述因素的人才能积极、安全地工作和生活，预防因运动不足引起的疾病，并始终保持健康状态。

（二）学校体育教育与体适能的结合

随着国家社会经济水平和国民日常生活水平的不断提高，人们对身体健康的重视程度也越来越高，终身体育意识应逐步增强。教育家陶行知说："我们坚信健康是生命和教育的起点。"同时，教育青少年加强锻炼，养成终身体育习惯是现阶段学校教育的重点和出发点。

在学校教育阶段，学生的体适能可能包括健康体适能和运动技能体适能。学校体育应在保证学生掌握健康锻炼方法的基础上，加强运动技能体适能教育。二者的有机结合可以促进学生体适能得到全面有效发展。因此，我们应该从更丰富的角度看待学校体育与人的发展和与社会发展的关系，将"促进身体健康"的传统体育价值观与"学习生存所需的知识和技能"的新价值观有机地结合起来，树立符合时代需要和现代社会发展形势的新的学校体育价值观。在此基础上，青少年能够以多种方式积极参与锻炼，能够自发、积极、主动获得所需的健康知识和运动技能。不仅能享受体育带来的乐趣，还能培养勇敢顽强的品格、战胜自我的品质、勇于面对挑战的能力、承担风险的能力，以及竞争意识、合作精神和公平观念，更好地适应现实环境。

（三）体适能与日常生活的结合

在进化的过程中，人们的生活方式、习惯和工作方式都发生了巨大的变化。随着高强度体力活动的减少，生物性缺憾在现代社会加速发展。随着社会文明程度的提高和社会闲暇时间的增多，人们的空闲时间越来越多。体育以其独特的优势逐渐融入人们的日常生活，运动与休闲的结合将成为健康娱乐生活方式的组成部分。人之所以能够通过训练来提高身体素质，是因为人具有很强的适应外部环境的能力。良好的运动技能体适能不仅可以提高运动技能学习的效率，还可以减少运动造成的伤害和事故。体育形式的"休闲"作为一种文明、健康、科学的休闲生活方式，具有选择性、娱乐性、创造性、新奇性和冒险性的特点。人们会以这种休闲方式积极愉快地进行一些体育活动，从而实现自我价值，提高生活质量。

第二节　健康与体适能的相互关系

目前，健康体适能正在渗透人们日常生活的各个层面，因此提高各阶级人们的身心健康至关重要。身体健康的人在参与体育活动时感到舒适、精力充沛。人们还可以充分享受在空闲时间参与的体育活动，且不容易感到疲惫或无力。

一、健康

健康是一种"完美状态"，通过锻炼获得的是保持健康的"能力"，只有有"能力"才能达到健康的"状态"。

（一）中国古代健康观

"健"这个字的重点是精神和意志的力量，这就是《易经》中所说的"天行健，君子以自强不息"。"康"字最早出现在《尚书·洪范》关于五福六极的文字中："五福：一曰寿，二曰富，三曰康宁，四曰攸好德，五曰考终命。六极：一曰凶短折，二曰疾，三曰忧，四曰贫，五曰恶，六曰弱。"长寿、健康与疾病和虚弱是相互对立的，"健康"一词的含义集中在身体健康和无疾病上，这与今天"健康"一词的含义非常接近。

中国古代的传统观念认为人是天地的产物，天地和谐是保持人类健康的根本前提。古人认为"气"是生命的本质，是身体的基础，即健康。

二者统一于"气",它们之间的联系也通过"气"的运行和流动变化来实现。人体内阴阳二气的平衡与和谐是健康的基本表现,是长寿的基本要求。从本质上说,这种和谐统一的状态,即阴阳的和谐平衡,是生命的正常状态,即健康的本质和标准。总之,按照中国传统观点,人、社会和自然是一个统一和谐的整体,三者之间存在着普遍而复杂的联系。

(二)欧美健康观

"健康"的英文"health"来自英国的盎格鲁撒克逊人,它的主要含义是安全、完美和坚定。过去的人们意识到身体要想觉得安全和无痛,必须没有疾病和创伤。这种本能的意识最初是对健康模糊的理解,但并没有上升到理论层面。随着人类对自身和客观世界的认识不断加深,健康的概念也在不断深化。美国健康、体育、休闲和舞蹈协会提出了健康的整体概念,并认为健康由以下五个成分组成:

①身体健康,了解身体发育和身体护理,培养积极的体育锻炼态度和能力;②思维清晰,情绪稳定,能够调节压力,保持自律和自控;③社交健身、照顾配偶、家人、邻居、同事和朋友,积极与他人互动和发展友谊;④心理健康,寻求个人生活的意义,设定人生目标;⑤文化健身,为改善社区生活做出贡献,关注文化和社会事件,承担公共事务责任。这五个组成部分相互独立,相互关联,影响着生命形式的质量,但它们也从三个层面展现了人类的健康:人的成长与发展,人与人、社会与文化、人与自然的互动以及如何在事物面前做出决策。

(三)新世纪健康观的形成

健康的概念受一定历史阶段的生产力、生产关系、科技水平和哲学思想的影响,由于各国的文化、环境、社会道德和政治经济条件不同,健康的概念也有所不同。我国的健康观注重身心与自然的统一,西方国家健康观注重人类社会、心理和生物学的影响;我国更注重宏观诚信,而西方国家更注重微观指标。健康概念的发展可分为以下几个阶段。

①在古代,由于疾病本体论视野的影响,人们认为健康由鬼神主宰,人类无法抗争。

②工业革命后的现代社会，虽然解剖学、生理学等学科开始出现，但人们仍然无法解释疾病出现的原因。人们认为健康是身体的正常运转，没有疾病就是健康。

③19世纪末，自然科学中的疾病概念形成，人们逐渐发现疾病是由病原微生物引起的。当时，人们认为健康是保持病原微生物、人体和环境之间的平衡关系。这种观点只涉及自然属性，而忽略了疾病的多种病因。

④20世纪初，随着医学的进一步发展、心理学的日益成熟和社会生态学的提出，人们认识到疾病病因的复杂性，尤其是社会环境对健康的影响，健康涉及社会因素、心理因素和个人行为，形成了完整的健康观。

世界卫生组织定义了人们广泛接受的健康概念，即健康不仅是一种没有疾病和虚弱的状态，而且是一种身体、心理和社会完整的状态。这种健康观打破了传统的健康模式和医学范畴，形成了三维的健康观，因此实现健康目标需要整合人类知识。健康本身不是生活的目标，而是每个人日常生活的必要资源：它是一种积极的表现，是个人对完美生活的潜在需求。

二、影响健康的因素

根据世界卫生组织的研究，影响个人健康和寿命的主要因素有四个，其中生物因素占15%，环境因素占17%，卫生服务因素占8%，与健康相关的行为因素占60%。在影响健康的四大因素中，环境因素难以改变；生活方式和医疗服务是可塑的，对健康有很大影响；虽然遗传因素几乎没有影响，但一旦发生遗传疾病，它们是不可逆转的。

（一）生物学因素

生物因素是指遗传和心理因素。人是由细胞、组织、器官和系统组成的。遗传是人类体质发展变化的先天条件，与一个人的体形、外貌、性格、机能、疾病和预期寿命等密切相关，遗传对身体的影响也受后天环境、营养、运动和保健条件的影响。

（二）环境因素

环境因素包括自然环境和社会环境，自然环境是社会环境的基础，社会环境是自然环境的发展。自然环境是人类周围各种自然因素的总和，社会环境涉及政治制度、经济水平、文化教育、人口状况、科技发展等诸多因素。人类是自然的产物，人类活动影响着自然环境。因此，我们应该保持自然环境与人之间的和谐，强调人体与自然和社会环境的统一，强调健康、环境和人类发展密不可分。

（三）卫生服务因素

卫生服务因素是指卫生系统利用一定的卫生资源向居民提供的医疗、预防、保健和康复等各种活动的总称，是社会卫生和医疗设施体系的改善，对有利于人的健康的医疗行为提供全方位的人性化管理和服务，卫生服务的范围、内容和质量直接关系到一系列健康问题。

（四）健康相关行为因素

健康相关行为是指受文化、民族、经济、社会、习俗、家庭和同伴等因素影响的个人或群体的健康相关行为。它通常可以分为两类：促进健康的行为和危害健康的行为。目前，全世界每年有大量的人因生活方式出现问题而患病。不健康的生活方式和有害健康的行为已经成为导致人们出现疾病和死亡的主要原因。而只要有效控制行为风险因素，就可以减少40%~70%的早期死亡、1/3的急性残疾和2/3的慢性残疾。健康的生活方式有以下四种：合理的饮食、适度的运动、戒烟和戒酒以及保持心理平衡。

第三节　国内外健康体适能的发展现状

美国生理学家库尔顿早在20世纪40年代就介绍了身体健康的三个要素：身体、能力和身体能力。之后，拉卡重新定义了健康。20世纪80年代，美国体适能协会正式成立，在联邦卫生部的支持下，该协会每十年对青少年进行一次身体调查，并根据调查结果为学生制订了有针对性的培训计划。1988年公布的《最佳健康计划》和《2000年健康大众》促使该协会制订了一项提高国民素质的十年计划，旨在鼓励全民锻炼，为高质量生活奠定基础。20世纪90年代后，美国政府根据获得的数据和信息进行了十年的实验研究和讨论，颁布了《最佳体适能教育计划》，旨在通过成人的指导和帮助，帮助儿童探索他们的运动偏好，并从中受益。该计划的理念和实践方法为美国的中小学体育提供了实践指导。随着国民经济的发展，美国的体适能从最初的机构认可转变为全民意识的传播，最终被中小学列入健康课程，美国的体适能教育取得了前所未有的发展。近年来，健身导向已经开始进入公共生活，特别是在一些西方发达国家，体育俱乐部有专门的私人教育，为顾客制订详细的阶段培训计划，并提供指导、测试和纠正等系统服务。综上所述，作为一种服务于全民健康的体育模式，"走进课堂、走进生活、走向健康"的体适能理念已被世界上大多数国家和学者所关注和接受。

总之，美国是世界上最早提出和发展体适能的国家，在相关理论和实践研究方面有着悠久的历史，并形成了自己的研究体系。在发展过程中，促进美国学生健康体适能的手段包括政府指导、社会协调、学校实施等，这些团体致力于发展学生体质水平，相互补充，相互学习，共同为国家和社会服务，形成了一套理论科学体系和实践规范。

一、关于体适能概念的研究

中国学者季浏等人认为，体适能是指身体根据自身状态选择负荷来决定体育活动，并确保身体能力在长期训练后达到最佳状态。金福春把体适能理解为一个健康的人在正常运动期间，身体不会感到疲劳。相反，适当的活动可以使身体充满活力，享受空闲时间，面对突发事件。李建芳等人将体适能定义为个人在体育活动中所需的活动能力（速度、重力、反应、力量等因素）。我国的香港和台湾地区的体育专家从一般和特殊属性来定义体适能。它由身体健康的一般属性定义，即当身体适应复杂环境时表达身体状态的能力。它由体适能的特殊属性定义，即符合体适能标准的个人不仅可以保持旺盛的精力，而且可以轻松地完成日常活动，在处理工作事务时，精力充沛，精神饱满，在业余时间，可以享受生活而不感到困倦和无力。世界卫生组织认为，体适能意味着人们在日常工作中不感到疲劳，并且有足够的精力放松和应对紧急情况。

综上所述，国内学者对体适能的定义基本一致。可以理解为："当人们选择的运动负荷适合自己锻炼的时候，他们不会轻易产生疲劳，而且会通过调节达到最佳状态"。

二、关于体适能测试的研究

（一）国外体适能测试

早在20世纪50年代，美国联合会就分析了全国青年学生的身体发育水平，并设计了相应的测试项目——引体向上、折返跑、垒球掷远、仰卧起坐、50米冲刺跑等。这些相对基本的项目在长期的发展过程中没有发生重大变化，而为了改进测试项目，达到预期目标，美国联合会又先后增加了1000米跑和坐位体前屈两个测试项目，取消了50米冲刺跑、立定跳远和垒球掷远三个测试项目。与此同时，美国的身体健康标准已经基本完成了从掌握运动技能到身体健康指标的转变，娱乐、保健、健康和体育之间有着非常密切的关系，人们认为体育可以提高自身素质，能够使自身面对激烈的社会竞争。因此，美国大多数学校都有极其全面的体育器材，为学生创造了一个相对专业的锻炼环境。随着各学校体适能教学课程的逐步完善，一套适合美国学生体适能测试的项目也正式形成——1000米跑、坐姿前屈、仰卧起坐和引体向上等。

加拿大是一个发达国家，税收和福利都很高。政府部门每年投入大量资金来提升全民健身的发展水平。1981年，加拿大政府对4万多名7至69岁的人进行了三项测试（脂肪、心率和肌肉），以了解他们的健康状况，并根据测试数据，发布身体健康评估标准。随后，政府根据既定标准批准了

27个物理研究项目，包括儿童有氧摄入的可行性、环境和健康生活习惯。2017年，加拿大政府制订了全面的学生体育日常计划，包括活动时间的详细规划：要求学生确保其低负荷运动时间每周必须超过3天，并且每天必须进行1小时以上的中等强度运动，观看电视和使用手机的娱乐时间应控制在2小时内。加拿大发布的《体育指南》旨在培养学生的身体素质，让学生在学习过程中拥有健康的身体，加快学生的新陈代谢，使学生的情感更加完善，得到更好的生活质量。

日本政府非常重视国民健康，特别是锻炼过程中对于意志品质和健康人格的培养，从幼儿园开始，每个学生就必须参加实用体育活动，获得身体健康知识。日本政府从小培养孩子的运动技能和运动风格，帮助孩子接触他们的运动偏好，培养他们面对挫折的勇气。根据《日本国民体力测量标准》，日本公民必须定期参加健康水平测试，健康水平测试结果将每年向公众公布。为了发展日本的体育事业，日本体育协会设立了许多分支机构，如体适能测试和评估机构，这些机构经常相互交流和讨论。与加拿大相比，日本更注重国民肌肉力量和肌肉耐力的测试。然而，随着东西方文化交流的深入，日本的体适能测试逐渐受到西方国家的影响，开始效仿美国，在体适能测试中加入心肺容量和柔韧性指标。

基于公民身体素质的不同，各国测试的目的也不同。例如，日本和加拿大已经为儿童制定了相关的标准指标，而美国的体适能测试往往更注重青少年身心健康的发展。它们共同点是，在基础理论指导下进行的实践研究侧重于改善国民身体健康。

（二）国内有关体适能测试

《国民体质监测标准》与《国家学生体质健康标准》是我国现有的测试国民体质的主要标准，自20世纪70年代末以来，我国每隔5年对所有年龄段的学生进行一次体能测试。经过几十年的探索和实践，我国根据中小学生的实际体质状况，制定了一套适用于学生体质健康测试的标准，即教育部2014年发布的《国家学生体质健康标准》。该标准是一条"量化方法线"，供年轻学生全面、和谐地判断自己的健康状况，提升自己的身体素质。标准一经颁布，就被广泛应用于社会各个领域。其中，国家体育总局和教育部明确了分工：国家体育总局主要负责社会中老年儿童和婴幼儿童的身体监测，学校学生的身体测试由教育部门负责。虽然监测对象不同，但所采用的方法是相同的，即通过身体形态、身体功能和身体素质三个方面来检验。

采用比较分析法，对体质测试指标和体质健康测试指标进行比较分析。事实证明，虽然测试的两个指标是测试身体机能状态的直接方式，但由于侧重点不同，它们不能充分反映个人的身体健康水平。如果在体适能测试中加入身体健康指标和心理健康指标，可以更准确地反映体能测试的完整性。

综上所述，根据我国青少年学生体质测试的发展变化和国家专家学者的理论研究，表明随着体质测试内容的不断完善，人们对健康体质的内涵有了进一步的理解。随后，学生体质评价体系也完成了从掌握运动技能向提高基本身体素质的转变。然而，无论其发展如何，脂肪含量、肌肉力、肌耐力、心肺功能和柔韧性都是青少年身体健康素质测试中最基本、最不可或缺的内容。

第二章　健康体适能基础教学训练

第一节　身体成分的获得与管理

身体成分的标准平衡是健康的基石，其不仅是反映人体内部结构比例特征的重要指标，也是评价营养状况、健康水平、肥胖程度和运动效果的指标。身体成分的平衡可以通过适当的运动、合理的饮食和生活习惯来实现。大学生的年龄一般在18～25岁之间，处于青春期晚期。由于学习任务繁重，或缺乏锻炼兴趣和锻炼意识，大学生运动量太少，身体成分失衡，影响其健康水平。

一、身体成分概念

身体成分是组成人体组织和器官的各种化学成分的总和。它是身体不同组成部分在人体总重量中的比例。身体成分能够反映人体的身体状况、体型特征，是准确衡量人体重量的参考依据。以体脂为参照，身体组成一般分为两个基本部分：体脂重和去体脂重，这是反映人体内部结构比例特征的重要指标。

二、身体成分相关概念

①瘦体重：体重中的非脂肪体重称为瘦体重，瘦体重包括肌肉、骨骼、内脏、血液和皮肤的重量。

②体脂百分比：指体脂占总体重的重量百分比。例如，对于一个体重70公斤的学生来说，他的身体脂肪百分比是20%，这意味着他体内大约有脂肪：70kg×20%=14公斤。

瘦体重与体脂百分比的比率为：总体重=瘦体重+脂肪重量。

③理想体重：指一定身高的相对理想体重范围。以下两个公式用于计算特定身高下的标准重量。

④计算身高：标准男性体重（kg）=［身高（CM）-80］×07±10%；标准女性体重（kg）=［身高（CM）-70］×06±10%。这两个公式只考虑身高、性别和体重因素，不考虑骨型因素。

⑤体重指数计算：理想体重=22×身高（m）的平方值（±10%）

太轻的体重低于理想体重范围的下限，超重者的体重高于理想的体重上限。这些标准基于性别、身高和骨骼大小。

身体质量指数BMI=体重（单位：千克）/身高（单位：平方米）。正常范围为18.5sbm<24。

⑥基础代谢率：身体在正常状态下维持最基本的生命活动所需的最小能量消耗。基础代谢率可以通过当时的耗氧量间接计算得出（身体每消耗1升氧气产生4.8千卡热量）。男性：1.0千卡/千克体重/小时，女性：0.9千卡/千克体重/小时。

⑦肥胖：脂肪在体内过度积聚。肥胖的程度与身体脂肪在体重中的比例有关，不能仅仅根据体重来判断。无论体重如何，只要人体肌肉质量不符合规定的标准，并且身体脂肪的百分比很高，就应该视为肥胖。其中，隐性肥胖为体重正常，体脂比例高。

三、身体成分的获得与管理

从过去简单的体重管理，到脂肪管理，再到今天的身体成分管理，人们对健康的要求越来越高。健康应该意味着身体的所有组成部分都处于平衡和谐的状态。身体成分失衡导致的过瘦或肥胖会对健康产生负面影响。

肥胖者很难保持正确的身体姿势，容易造成关节损伤，运动能力降低，增加心脏负荷，阻碍血液循环，导致心脏衰竭，脂肪在血管中逐渐积累会使血管变窄和硬化，出现高血压和血管破裂等问题。如果身体脂肪较少，就不能为长期运动提供良好的能量。较少的脂肪会携带脂溶性维生素，这会导致某些维生素的无法吸收，使内脏器官的抗冲击性和保护性较差，太瘦会使青少年出现记忆力下降和身体发育迟缓等问题，女性易月经不调。

（一）身体成分获得原则

1. 均衡饮食

随着社会的进步和经济的发展，中国人现在缺少的不是营养，而是平衡。应合理搭配食物种类，平衡各种营养素的吸收和能量摄入。饮食中的热量百分比应为10%~15%的蛋白质、25%~30%的脂肪和50%~60%的碳水化合物。一日三餐的能量比例是早餐30%，午餐40%，晚餐30%。肉类和蔬菜的组合，以及脂肪和营养的组合，可以避免因偏食和挑食造成的营养失衡，破坏身体正常的新陈代谢。

2. 动静平衡

由于现代人类体力活动的逐渐减少，肥胖比以往任何时候都更加严重和普遍。在18世纪，美国工厂、家庭和其他地方经营有1/3来自人类体力活动才得以进行。如今，大多数自动化机器取代了手工工作，因此劳动力占所有工作的不到0.5%。人类没有足够的体育活动机会，最明智的做法是在日常工作和休息中有意识地安排锻炼时间，以弥补日常生活中缺乏体育活动的空缺，但锻炼量并非越大越好，以免造成运动损伤。我们应该保持足够的运动量，使身体处于动静平衡状态。

3. 睡眠平衡

随着生产方式和生活方式的改变，人们的夜生活更加丰富，工作和休息的时间也发生了变化。如果睡眠时间太长，身体机能会下降；如果睡眠时间太短，会因精神疲惫而降低身体抵抗力。因此，只有把工作和休息结合起来，人们才能保持健康，延长寿命。

4. 心理平衡

临床心理学研究表明，65%~90%的人类疾病与心理有关。紧张、嫉妒、愤怒和其他不良情绪使人们容易患高血压、心脏病等疾病。善待他人，获得满足感和及时的建议是保持心理平衡的关键。

（二）大学生身体成分特点

1. 对身体成分控制的极端意识

大学生的体重随着年龄的增长而增加，身体脂肪的增长率高于瘦体重的增长率。体脂高的学生在柔韧性、无氧能力、有氧能力、相对力量和生理功能方面明显低于体脂正常的学生，存在很大的健康风险。然而，大多数健康广告只强调脂肪过多造成的损害，这使许多人认为脂肪是有害的和无用的，造成了盲目减肥的出现，因盲目减肥导致的体脂率过低，使得大学生出现记忆力下降、身体发育迟缓、营养不良、骨矿物质含量不足等问题。

2. 青少年肥胖的特点

青少年肥胖与成人肥胖不同，主要是由于体内脂肪细胞数量的增加。因此，我们应该从青春期的正常时期开始检查体内脂肪细胞的数量。一般来说，成人的脂肪细胞数量将保持在相对稳定的状态，即成人肥胖主要是由脂肪细胞体积增加和脂肪细胞中脂肪含量增加引起的。人在成年后，大量脂肪细胞变大，脂肪密度变高。即使再努力，减肥效果也不会很好。

3. 隐性肥胖被忽视

由于中国教育体制的问题，从中小学到大学，学生的体质一直相对较弱，因为他们重视智力发展而不是身体发育。隐性肥胖主要是因为体内脂肪组织的比例高于肌肉，这也是运动量减少的直接后果。隐性肥胖者认为自己是健康的，因此忽视了一些潜在的风险。体重指数超过正常值的人可分为两种情况：一种是肥胖，体脂过多；另一种是身体中有太多的瘦体组织，没有太多的脂肪，这是肌肉发达的表现。

（三）身体成分的获得手段与方法

1. 体型与运动

一般来说，体型在某种程度上与遗传因素有关，但是它们也与生活方式和锻炼习惯有关。虽然在大多数情况下，人的体型很少是单一的，而是一个或两个比例较大的类型，主要可分为以下三类：

外胚型：又高又瘦，脂肪和肌肉较少。

中胚型：身体的肌肉明显发达，脂肪较少，身材像运动员。

内胚型：矮小肥胖，易积聚脂肪。

总的来说，无论是什么体型，都应该注意脂肪含量。男性的健康脂肪含量范围为8%~18%，女性为15%~25%。太少或太多都是有害的。虽然身体的形态是由基因决定的，但肌肉脂肪的比例可以通过适当的运动和健康的饮食来调节。因此，人们可以在这两方面努力来改善体型，达到理想状态。每个人都应该根据自己的体型在饮食习惯中选择合适的锻炼和健身方式来保持或增加肌肉重量，以符合健康统一的要求。

（1）外胚型身形瘦，应先强化肌肉

外胚型的人应该增加"脂肪"。这类人的外胚层肌肉很少，肌肉力量和肌肉耐力较弱，然而他们的外胚层脂肪的数量也很少。虽然这类人没有良好的肌力和肌肉耐力，但他们没有肥胖的风险。外胚型的人可以通过更多的举重训练来增加肌肉重量，以达到更健康的状态。除肌肉力量和肌肉耐力训练外，这类人还应注意参加多种有氧运动，可通过参加散步、慢跑和其他运动来提高心肺耐力，以实现身体健康。外胚型如果想让身材更有曲线，则应该参加游泳运动，因为水中的阻力很强，身体需要在水中保持体温以增加脂肪层。

（2）中胚型容易练易太壮，应增加柔韧性练习

虽然这类人脂肪更少，但他们也需要锻炼来保持健康。人们普遍认为，中胚型的人类肌肉纤维是最容易练成强壮的体型，因此中胚型的人最好做牵引柔韧性项目，如瑜伽或普拉提。这些运动不仅可以调节肌肉，还可以防止中胚型的人练得过于强壮。这类人肌肉较多，如果缺乏灵活性，将比其他体型的人更受活动范围的限制。

（3）内胚型脂肪较多，应控制体重

内胚型的人由于脂肪含量高，经常在下腹部、臀部和大腿积累过多脂

肪，这对他们的健康有负面影响。因此，这类人应该在运动和饮食两方面同时努力，控制饮食习惯，适度锻炼，减少多余脂肪，防止肥胖，以实现身体健康的目标。内胚型的人参加锻炼的目的是消耗大量的卡路里，增强体力。当内胚型的人体重超重时，他们的关节和骨骼将承受更大压力，因此应该避免选择在运动期间增加身体这些部位的压力，高热量消耗的低冲击运动，如游泳、快走或骑自行车，是最好的选择。

2.饮食与能量

在转换过程中，能量既不增加也不减少，总能量得以守恒。当食物被消化、吸收并用于肌肉收缩时，它被转化为机械能，部分化学能将转化为热能以保持身体温暖。因此，吸收足够的营养和减少热量吸收是合理控制身体成分的重要途径。

（1）控制饮食热量

俗话说"胃中有火，消麦消饥"，中医认为胃口太好是病态的。身体在相对较低能量的转换和代谢水平下运行，分解的热量相对减少，从而延长寿命。如果热量摄入过多导致肥胖，就会产生"富贵病"。肥胖的人吃得过多，这是因为脂肪细胞可以分泌产生食欲的物质。在一个恶性循环中，胃的容量越来越大，更难有饱腹感。

（2）规划饮食结构

根据美国生理学家的研究报告可知，人体的新陈代谢在早上比下午好，下午比晚上高。因此，"早餐吃好、午餐吃饱、晚餐吃少"是有意义的。在一日三餐中，我们不仅要牢记"低油、低糖、低盐、高纤维"的健康饮食原则，还要多吃谷物、蔬菜和水果，合理规划三餐，有益于身体健康。

（四）身体成分的管理

1.饮食管理

（1）合理控制热能

正能量平衡指的是食物的能量大于消耗的能量——体重增加，负能量平衡指的是食物的能量小于消耗的能量——体重减轻。食物热能必须低于身体消耗的实际热能，体重才能恢复到正常水平。因此，应注意控制热能摄入和消耗之间的平衡，并保持这种平衡。对肥胖者来说，少吃高热量食物和胆固醇过高的食物是一个重要原则。在日常生活中，这类人也应该避免纯糖、巧克力、糖果、甜饮料、冰激凌、黄油、动物内脏脂肪等的摄取。

（2）平衡饮食结构

谷物食品是人类热能的主要来源，它提供碳水化合物、蛋白质、膳食纤维、维生素等。肉类，包括动物、家禽和水产品，是优质蛋白质、脂溶性维生素和铁、锌和硒等矿物质的重要来源。蔬菜和水果富含水溶性维生素、矿物质、膳食纤维和其他生物活性物质。水溶性维生素和矿物质可以保护心血管健康，提高抵抗力，促进脂肪分解、排汗和利尿，这对健康至关重要。牛奶不仅是天然钙的最佳来源，也是优质蛋白质的重要来源。豆类及豆制品富含优质蛋白质、钙、维生素、膳食纤维和植物化学元素，但脂肪含量较少。

2. 运动管理

（1）运动消耗身体能量

运动会消耗更多的能量，不同运动项目的每日能量消耗和最低能量消耗是不同的，并且受身体状况、技术水平和运动程度的影响。然而，大多数人只认为运动会消耗更多的能量，却忽略了在运动后6小时~8小时内，身体会保持比休息时更高的代谢率，并且在这段时间内，身体的能量消耗会增加。例如，跑完大约5000米的距离，需要消耗250卡路里~400卡路里的能量。运动后，每小时需要消耗的能量比平时休息时多30卡路里~50卡路里。

（2）运动有抑制食欲的作用

一般来说，普通人进行适度锻炼并不能改善食欲，他们的食欲可能会低于不锻炼的人。因此，运动可以降低食欲，可以避免因暴饮暴食导致的肥胖。同时，运动有助于防止青少年脂肪细胞数量的增加，并减小成人脂肪细胞的体积。

（3）运动减肥

运动可以增加脂肪消耗，减少非脂肪成分的损失。根据研究结果，纯控制饮食的减肥效果，减掉的成分中有70%是脂肪组织，而另外30%是肌肉组织。在适度运动的情况下，身体的游离脂肪酸提供的活动能量会增加。在30分钟~60分钟的中等强度运动中，50%的能量来自脂肪，而在60分钟以上的运动中，脂肪提供的能量可以占总能量消耗的70%~85%。饮食控制和锻炼可以减少95%的脂肪组织，同时增强肌肉组织。

3. 习惯管理

吃得过多，喜欢甜食和含脂肪类食物，饮食不规律不定量以及其他不良饮食习惯是肥胖的罪魁祸首。行为和习惯管理的目的是养成良好的饮食习惯，如吃饭时慢慢吃，使饱腹感与当时的食物摄入量相一致；不要吃得太多，这样有助于消化；不要过分依赖先进技术，多做运动；了解并理解你的情绪，在心情不好的时候适当做一些锻炼；改掉下午茶和夜宵的习惯；少吃零食，多吃蔬菜和水果。

第二节　心肺适能的获得与管理

循环系统是一个封闭的管道系统，包括心血管系统和淋巴系统。心血管系统是一个完整的循环管道，血液在其中流动，由心脏、动脉、毛细血管和静脉组成。心肺和血管功能在氧气和营养的分配以及体内废物的清除方面发挥着重要作用，尤其是在具有一定强度的运动中，良好的心肺功能尤为重要。人体吸收和输送氧气的能力取决于呼吸系统和血液循环的能力，这主要取决于以下因素：肺的通气能力、血液的氧气输送能力、心脏的泵送能力、重新分配血液能力，以及肌肉使用氧气的能力。循环系统在维持人体内环境的稳定方面起着重要作用，如维持酸碱平衡和电解质平衡。

心肺循环系统是维持生命的主要动力系统。心肺健康是指一个人通过特定强度的运动后有继续进行体力活动的能力。因此，心肺功能对拥有健康的身体和良好的生活质量具有基础性作用。心肺形态会随着年龄增长和发育成熟而增加，形体的发展、肌肉质量的差异、日常生活中身体活动的形式以及每搏心率的发展是导致心肺健康增加差异的主要变量。

一、心肺适能定义

心肺适能是指一个人的肺和心脏从空气中获取氧气并将氧气输送到组织细胞以供使用的能力。也可以说，它是人体心脏、肺、血管和组织细胞有氧能力的指标。其范围包括肺呼吸、心脏和血液循环系统等功能。心肺和血管功能在氧气、营养的分配以及垃圾的清除方面发挥着重要作用，尤其是在一定强度的活动中，良好的心肺功能尤为重要，因此心肺健康通常被认为是身体健康的最重要因素。良好的心肺形态可以使人们长时间锻炼，更有效地进行长期体育活动，并且不易患心血管疾病。而心肺功能差的人，不仅易疲劳和精神抑郁，而且易患心血管疾病。

二、心肺适能的功能

（一）改善心肌

心脏和肺与骨骼肌相似，可以通过运动的刺激变得强壮有力。心脏的大小和收缩力会增加，心脏的输血能力会增加，每分钟的心跳次数会减少，这对健康有益。

（二）对血管系统的益处

心肺形态基于良好的血管弹性和畅通无阻血管口径，从心脏挤压出来的血液沿着动脉和微血管到达组织，然后通过静脉并返回心脏。如果心肺形态良好，那么组织中微血管的生长和分布也很密集，更有利于血液供应，降低心血管循环系统功能性疾病的发病率。

（三）强化呼吸系统，改善血液成分

心肺形态良好，使肺泡和微血管之间的气体交换效率高，人在长期运动后不会很快出现疲劳。同时，血液中有更多的红细胞，促进了氧的运输，增加了血液中高密度脂蛋白和低密度脂蛋白的比例，并降低了心脏病的发病率。

三、影响心肺适能的因素

（一）遗传

科学研究表明，遗传对心肺形态有很大的影响。同时，呼吸、心脏、血管和肌肉系统也将影响心肺形态。

（二）运动

适度的体育活动和训练可以改善呼吸、心脏循环和肌肉系统的运行，有氧训练可以更显著地改善心肺形态。而停止运动，心肺形态将显著降低，三个月的完全休息，不运动将使心肺形态大幅降低。

（三）性别

在青春期之前，男性和女性的心肺形态几乎没有差异，但在青春期之后，男性的心肺形态普通比女性高。原因是男性的红细胞和肌肉质量更高，体脂率更低。

（四）年龄

心肺形态在人的25岁左右达到峰值，然后逐年下降，但在那些保持运动习惯的人中，只有少量下降，而在那些经常参加有氧训练的人中，则下降得更少。

（五）体脂

如果减少脂肪或体重，心肺功能就会增强。身体脂肪过多会增加体重，影响心肺功能。

四、心肺适能的获得与管理

有氧运动可以让人保持最佳的心肺形态，良好的心肺适能可以避免各种心血管疾病。因此，良好的心肺适能是健康的重要因素。

（一）获得原则

1. 相关性原则

不同的训练方法、训练强度、持续时间和频率对组织和器官的改善有不同的影响。注重有氧运动可以达到改善心肺形态的目的。

2. 目标心率原则

根据超负荷原理，目标心率应为最大心率的60%~80%。

3. 进步原则

进步原则必须结合超载和适应的概念。如果想进一步改善心肺形态，需要增加额外的身体测试。

（二）心肺适能的运动手段与方法

1. 运动形式——有氧运动

为了改善心肺形态，运动应该在足够长的时间内进行，以便有效地刺激心肺循环系统并改善其功能。这种类型的运动通常被称为有氧运动，最方便、最可靠的测量是基于脉冲数。所有有节奏、系统、长期和低强度的运动都是理想的有氧运动，如跑步、骑自行车、舞蹈、游泳等。而非常激烈的运动，如举重、射箭、短距离快跑，是无氧运动，对改善心肺形态没有显著影响。

2. 有氧运动的特点

（1）整个身体都有规律地持续运动

有氧运动是一种有节奏的运动，运动强度应控制在有氧运动的适当范围内，参与锻炼的肌肉越多，身体的耗氧量越多，锻炼效果越好。

（2）根据个人能力调整操作强度

由于能力的差异，良好的有氧运动应由个人根据自身情况以合理的强度进行，运动时间由个人控制，这对改善心肺形态有显著效果。

4. 运动控制

（1）运动频率

每周至少进行三次常规锻炼，但必须小心防止因休息不足导致过度疲劳或增加运动损伤的风险。

（2）运动强度

在有氧运动中，呼吸有些急促但仍能说话的强度较为合适，且每分钟的脉搏数可以保持在一个相当稳定的范围内。一般来说，长期不锻炼的人身体素质较差，所以在运动开始时的最低训练心率大概为每分钟120～130次，可以先持续一段时间，在心肺形态得到改善后增加强度。

（3）运动持续时间

持续或间歇有氧运动一般为15分钟～60分钟，具体时间取决于运动强度。当强度较低时，可以进行更长时间的锻炼。

5. 热身和放松运动

在心肺耐力训练开始前，应提前2分钟～5分钟进行热身，使身体从休息慢慢转为锻炼状态，以减少出现运动损伤和肌肉疼痛的可能性，提高运动成绩。简而言之，热身的目的是伸展肌肉。在剧烈运动期间，心脏会向全身肌肉输送血液。如果突然停止锻炼，肌肉收缩会减少，输送到心脏的血液量会减少，使人感到头晕。因此，在剧烈运动后，应该做5分钟～10分钟的放松运动，将血液从四肢输送回心脏，从而将心率降低到每分钟120次以下。

第三节　柔韧素质的获得与管理

一般来说，柔韧性在身体素质的要素中往往被忽视，人们认为只有专业运动员才需要良好的柔韧性，普通人则不需要。目前，虽然无法准确地强调柔韧性需要多大程度才能达到标准，但任何人在一生中都不应该因为年龄的增长而使身体变得越来越僵硬，否则他的健康会受到威胁。无论是在运动还是日常生活中，只有具有良好柔韧性的人才能更好地应对事故，他们绊倒、摔倒和扭伤的可能性远低于普通人。因此，通过柔韧性训练的人，不仅可以在日常活动中保持活力和灵活性，还可以提高健身效果。

一、柔韧素质定义

柔韧性是指人体关节的运动范围，以及韧带、肌腱、肌肉、皮肤和其他组织的弹性。它包括两种含义：一种是关节的运动范围，另一种是肌肉、肌腱和韧带等软组织通过关节的延伸。关节的运动范围主要取决于关节本身的结构。因此，柔韧性的提高主要取决于通过关节对肌肉、肌腱、韧带等软组织进行的合理训练。

在运动或生活中，柔软是指肌肉和韧带的伸展范围。张力是指肌肉和韧带的力量，以及控制关节免受损伤的最大运动范围。柔软和坚韧的结合就是柔韧。然而，柔软和柔韧性不能混淆，虽然两者都可以通过肢体运动的范围来衡量，但它们本质上是不同的。柔韧性既软又韧，即软中有硬，软硬结合；柔软只是软而不是硬，或者说柔软中没有硬。相比于柔软，柔韧性还包含速度和力量的因素，即在进行大规模运动时，肌肉仍然可以快速有效地收缩。

二、柔韧素质的功能

（一）良好的体态

柔韧性训练可以提高人的肌肉弹性，肌肉的弹性得到改善，可以纠正人的体态。

（二）减少运动损伤

良好的柔韧性，改善关节的连接领域和范围，使身体更加灵活，肌肉活动的效率更高，减少肌肉拉伤发生的概率，提高动作协调性，减少肌肉

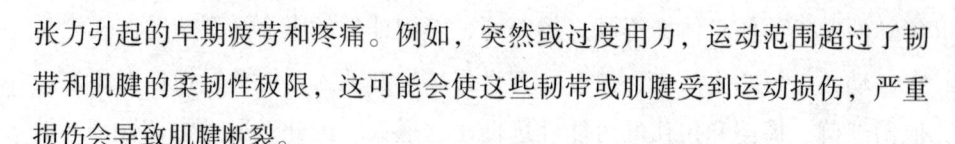

张力引起的早期疲劳和疼痛。例如，突然或过度用力，运动范围超过了韧带和肌腱的柔韧性极限，这可能会使这些韧带或肌腱受到运动损伤，严重损伤会导致肌腱断裂。

（三）提高机体水平

柔韧素质是选择运动项目的重要依据之一。不同的运动项目对身体各部位的柔韧性有不同的要求，如游泳运动员肩、踝关节的柔韧性好。提高关节的灵活性可以提高人的机体水平，使动作轻盈灵活，更加协调准确，增加动作的协调性和美感。

三、柔韧素质的获得与管理

人的柔韧素质发展的最佳年龄为7岁~12岁，如果错过了最佳时期，柔韧素质应该通过锻炼来获得。虽然骨骼和关节的结构很难改变，但连接关节和穿过关节的肌腱的韧带的长度、弹性和柔韧性可以通过训练改变。因此，通过体育锻炼，肌肉、肌腱、韧带和关节将在中枢神经的控制下共同改变其功能。柔韧性只有经过长期的锻炼才能逐渐发展，且在练习过程中往往伴随着疼痛，因此灵活性的发展需要毅力和耐心，只有坚强的意志才能承受痛苦，只有不断地练习才能取得好的效果。

（一）柔韧素质获得原则

1. 坚持和专注

柔韧素质的获得取决于坚持锻炼，以保证身体处于良好状态。提高柔韧性没有捷径，而一旦停止锻炼，柔韧性就会显著下降。

2. 必须掌握各种拉伸方法

主动动态拉伸法是依靠个人的力量来拉伸肌肉、肌腱和韧带等软组织，以提高延展性。被动静态拉伸练习是依靠外力保持固定姿势的练习。虽然被动拉伸的效果低于主动拉伸，但可以获得更高的被动柔韧性指数，而的被动柔韧性指数决定了主动柔韧性指数，因此在训练过程中必须掌握两种拉伸方法。

3. 练习时应考虑相关部位

例如，"后桥"由肩部、脊柱、骨髓关节和其他部位的关节决定。因此，一般的柔韧性练习应该从局部柔韧性练习开始，再延伸至所有部位。

4. 准备活动和放松原则

练习柔韧性之前应该先热身，否则很容易导致肌肉紧张或扭伤（尤其是在冬天）。在拉伸的同时轻轻按压肌肉。这样做可以缓解练习时的疼痛。

（二）实现灵活性的方法和手段

1. 柔韧性训练的分类

（1）专项分类

柔韧性可分为一般柔韧性和特殊柔韧性，同一身体部位具有的柔韧性由于项目需求的不同，在幅度、方向等表现上也有所不同。

（2）运动状态的分类

从外部运动状态的表现来看，柔韧性可分为动力性柔韧性和静力性柔韧性。动力性柔韧性是指肌肉、肌腱和韧带根据动力性技术动作的需要，拉伸到解剖学允许的最大限度，然后使用强大的弹性回缩力来完成待完成的动作的能力。所有爆发力前的伸展都属于动力性柔韧性。静力性柔韧性是指肌肉、肌腱和韧带根据静力性技术动作的需要，拉伸到动作所需的位置和角度，并控制动作停留一定时间的能力。

（3）练习表现的分类

对柔韧性的训练可分为主动柔韧性和被动柔韧性。主动柔韧性是人依靠自身完成大幅度动作的能力。被动柔韧性是指人在外力的帮助下完成或在外力作用下表现出来的柔韧性水平。

（4）身体部位

根据人体结构，柔韧性包括四肢和躯干所有的关节，主要有包括肩、肘、腕、髋、膝、踝和脊柱。从柔韧性在身体不同部位的表现来看，可分为上肢柔韧性、下肢柔韧性、腰部柔韧性、肩部柔韧性等。

（三）柔韧的管理

1. 运动强度

柔韧性素质的训练强度主要体现在三个方面：动作频率、力量和负重。柔韧性练习必须温和，行动的频率不能太快。应使用中等或慢速频率。建议16岁以上的人使用静压法。静态拉伸将关节附近的肌肉，以被拉伸的感觉作为运动强度的指标。如果紧张的肌肉有轻微的疼痛感或轻微的不适感，这意味着已经达到了足够的运动强度；如果感到非常疼痛，则表明运动强度过大。在借助外力进行被动练习时，应根据练习者的主观感受逐渐增加力量。当感到肌肉肿胀和疼痛时，可以试着坚持下去。当感到肌肉麻木时，则应该停止练习。当进行负重柔韧练习时，负重不应超过拉长肌肉所能达到的力量的50%。静力性拉伸负重可以相对较大，动力性摆动作时负重应该相对较小。

2. 练习次数、时间

柔韧素质发展较快，消退较快，因此训练应系统化、规律化。每周至少3~5次，每次至少需要10~15分钟的定向练习，韧带才能完全打开。在每个动作达到适当的拉伸强度后，保持极限姿势30秒，放松休息5~10秒，并重复每个动作3~5次。这些简单的拉伸运动会使肌肉更有弹性，但保持极限姿势的时间不应超过30秒，否则会导致相反方向的肌肉损伤。

3. 柔韧素质训练注意事项

在柔韧性训练中，必须根据不同的地点、设备、气候和人的疲劳程度灵活掌握和控制，以避免运动损伤。例如，在静态训练中，当肌腱和韧带达到最大极限时，不要用力按压；当温度较低时，应进行充分的准备活动，以降低肌肉的黏滞性；在运动的后半段，身体处于疲劳状态，因此不适合进行动态柔韧性训练。

通过比较动态拉伸和静态拉伸的特点，可以看出静态拉伸的安全性和效果要优于动态拉伸。原因是，如果拉伸的动态弹性力没有得到适当控制，可能会因过度拉伸肌肉而导致疲劳。此外，动态拉伸的快速弹性，会导致紧张的肌肉收缩，从而阻碍拉伸的程度，因此拉伸的效果不如静态拉

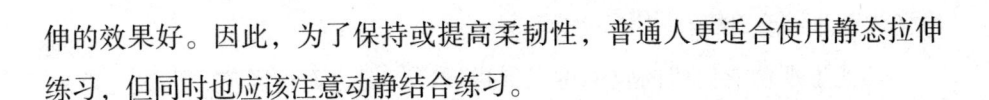

伸的效果好。因此，为了保持或提高柔韧性，普通人更适合使用静态拉伸练习，但同时也应该注意动静结合练习。

第四节　肌肉适能的获得与管理

肌肉力量和肌肉耐力是与健康相关的因素，因此在健身时，不应忽视肌肉健康。各种肌肉训练运动对身体某些部位的生长和发育有很大影响，可以促进骨骼和肌肉的生长。正确的肌肉形状有助于保持相对对称的身材，提高身体运动的效率。同时，适当的肌肉健康将更好地保护肌肉、关节和其他部位，并具有减少运动损伤和工作损伤的效果。

一、肌肉适能定义

肌肉适能主要包括肌肉力量和肌肉耐力。肌肉力量是指抵抗某种阻力的力量，即肌肉在收缩时能产生的最大力量。肌肉耐力是指肌肉承受适当负荷时的抗疲劳的能力，可根据重复肌肉运动的次数或持续运动的时间进行评估。

二、肌肉适能的功能及特点

（一）肌肉功能
维持人体活动，包括主观活动和无意识活动。主观运动是指行走、跑步、点头等动作，这些动作是由骨骼、关节和附着在骨骼上的肌肉协调产生的。无意识运动是指肌肉不太明显的运动，如心跳、食物震动胃、食物被推入肠道、胆囊收缩、胆汁排泄、膀胱收缩、排尿等。

维持姿势。骨骼肌收缩可以使身体保持固定的姿势，如站立、坐等。

产生热能。人体大部分的热能是由骨骼肌收缩产生的，骨骼肌收缩对维持体温非常重要。

其他生理功能。肌肉收缩可以促进循环，促进血液回流，尤其是静脉血液回流。

（二）肌肉的特征

兴奋性。骨骼肌接受刺激和作出反应的能力。

收缩性。当肌肉受到足够的刺激时，肌肉收缩并变短变厚的能力。

伸展性。骨骼肌延长的能力。

灵活性。骨骼肌在收缩或伸展后恢复的能力。

三、肌肉适能的获得与管理

肌肉训练计划必须根据个人身体状况、运动能量供应系统、运动形式和使用的肌肉群的需要进行设计。肌肉力量、耐力和爆发力训练主要由个人的体重和时间来调节。对于力量或耐力训练，在特定的活动范围内，只要动作正确，就可以达到锻炼一定肌肉的效果。

（一）获得肌肉健康的原则

1. 超负荷原则

肌肉具有适应性，有必要增加肌肉力量或肌肉体积。训练中的负荷必须超过平时的负荷才能不断提高肌肉力量，形成一个适应刺激和反复刺激的锻炼过程。因此，增加重量、重复次数或组数可以刺激肌肉超负荷，训练负荷必须随着训练时间的增加而增加。

2. 训练部位及顺序原则

肌肉力量训练，最合适的顺序是先大肌肉，后小肌肉。身体的主要肌肉群可以按以下顺序训练：大腿和臀部、胸部和上臂、大腿后部和后部、小腿和脚踝、上臂肩部和后部、腹部和手臂前部。小肌肉和大肌肉容易疲劳。先练习小肌肉会使锻炼大肌肉时无法达到超负荷。

3. 针对性

肌肉训练的计划和过程必须根据每个人的身体状况或运动的需要进

行。虽然力量训练会刺激肌肉，增加肌肉耐力、力量和爆发力，但只有有针对性的锻炼才能达到理想的效果。

（二）肌肉适能的管理

1. 运动形式

要肌肉素质，最有效、方便和易于实施的方法是举重训练。人它是一种训练方法，通过特定的工具和各种独特的运动动作刺激某一组肌肉，使肌肉产生对抗作用，从而提高人体肌肉和组织的力量、耐力、爆发力和柔韧性，以实现肌肉群能力的平衡发展。根据目的可分为以下四类：改善一般体适能；康复；举重和健身训练；各种运动的辅助训练，以提高运动效果。

2. 运动强度

肌肉力量训练和肌肉耐力训练的区别在于负荷的重量和重复的次数。原则上，肌肉力量训练应遵循高负荷重量和低重复次数。虽然训练肌肉阻力的原则是低负荷、高重复次数的方法，但也应考虑增加负荷，否则肌肉阻力的进展仍然有限。

3. 持续时间及频率

向心肌收缩训练应维持1~2秒；离心式肌肉收缩运动应维持2~4秒。肌肉锻炼后，需要时间休息，其中胸肌、股四头肌等大肌肉需要48小时以上的休息时间，肱二头肌、肱三头肌等小肌肉也需要24小时~48小时。同一肌肉群训练不应组织在一起，应每隔一天进行一次举重训练，训练应分段交替进行，以便肌肉有足够的时间休息和恢复。负重训练对肌肉力量的影响可以维持6周以上，但在训练的前几周，肌肉耐力迅速下降。12周后，肌肉耐力的下降率保持稳定，并维持训练效果的70%。

4. 注意事项

第一，可逆性。运动必须养成习惯，持之以恒，定期进行，否则肌肉在没有积极刺激的情况下会逐渐收缩和退化。

第二，保持呼吸。抵抗阻力时呼气；当放下阻力时吸气，反之亦然，必须保持平稳呼吸。

第三，肌肉平衡发展。除身体各个部位的平衡锻炼外，还必须注意屈肌和伸展肌的平衡发展。如果腹部肌肉力量和肌肉耐力差，会迫使背部底部的腰椎过度向前弯曲，从而压迫脊神经并引起疼痛。

第四，知道如何使用工具。在使用锻炼设备或举重工具之前，要知道如何操作，并做好自我保护。

第五，肌肉疼痛。运动引起的肌肉疼痛可分为急性肌肉疼痛和慢性肌肉疼痛。急性肌肉疼痛是一种由暂时性肌肉缺血引起的疼痛现象，只有在肌肉进行剧烈或长期活动时才会发生，在肌肉活动结束后会立即消失。慢性肌肉疼痛通常发生在训练后的24小时~48小时之间。

第五节　大学生健康体适能的获得与管理

一、大学生健康体适能的获得

面对现代文明病的威胁，人们的健康观念出现了明显的变化，社会对健康的需求向学校体育提出了新的要求和挑战。

（一）体适能、健康、体育基础知识的学习

影响学生健康水平的因素很多，其中了解、掌握和应用健康知识是影响个体认知水平和行为能力的重要因素之一。理论知识在我国高校体育教育中处于薄弱环节，影响学生的自我意识和身体健康。因此，获取和掌握体育基础知识和健康健身理论知识的教育，将有效促进学生树立终身体育意识。同时，健身必须以锻炼和健康的生活方式等最基本的理论知识为支撑，以提高学生的认知水平，从而养成运动习惯。

1. 体育锻炼基础知识

锻炼必须从实际出发，即根据锻炼的目的、内容、方法和自身条件，选择合适的锻炼方法和项目。

身体素质。指在运动、工作和日常活动中，受中枢神经系统调节的各种器官所表现出的各种能力。身体素质的发展对提高人们的体质和健康水平，掌握运动技能具有重要作用。身体素质包括力量、速度、耐力、灵活性和柔韧性。

常见运动损伤及预防。运动损伤与年龄、性别、体重、生理、心理状态、训练方式、运动技术、人体解剖和生理特征，以及外部环境密切相关。受伤的主要原因如下：对于超重的人来说，关节磨损比普通人快；在过度疲劳的状态下锻炼，出现运动损伤的概率会显著增加；体育技术的特殊性使其存在风险；室外环境和其他因素也可能导致运动损伤，如雨后道路打滑、光线不足、设备差等。

康复训练。损伤后适当的康复锻炼可以增强关节稳定性，加快伤口愈合的速度。康复训练计划应遵循全面训练、循序渐进的原则。在损伤早期，存在局部肿胀、充血、疼痛和功能障碍等问题，此时可进行综合性体育活动，在不加重肿胀和疼痛的情况下进行适当的局部活动。随着时间的推移，损伤逐渐改善或趋于愈合，活动的强度和时间可能会逐渐增加。正确、科学的运动对创伤的快速愈合和身体功能恢复有积极作用。

2. 健康行为知识

基本健康行为。日常生活中对健康有益的基本行为包括均衡的饮食、积极的运动和充足的睡眠。

保健行为是指正确、合理地使用卫生服务，包括定期体检、接种疫苗、发病后及时就医或会诊、遵守医嘱、配合治疗、进行康复锻炼等。

预警行为是指事故发生后的预防和妥善处置，包括自动救援和其他救援。

避免环境风险意味着在自然环境和生活工作的心理社会环境中避免各种有害健康的因素。

改掉坏习惯，包括日常生活中有害健康的个人行为，如吸烟、酗酒等。

3. 营养知识

营养是进食—消化—吸收—代谢的过程，利用食物的能量来维持身体的需要。人体需要的能量来自三种重要的营养素，即碳水化合物、蛋白质和脂肪。这三种营养素在体内被生物氧化以释放能量，其中一部分用于维持体温并向环境散热；另一部分储存在三磷酸腺苷（ATP）中，三磷酸腺苷在需要时为身体提供能量。

在理想情况下，营养素摄入量应等于消耗量。摄入量太少会影响健康，摄入量太多会导致肥胖。因此，我们应该了解食物的营养价值，根据营养原则科学选择、合理搭配食物，实现饮食的科学，从而促进身体健康，减少各种慢性病的发生。

（二）健康体适能行为获得

健康健身的理论研究是为了更好地将知识应用于实践，最终实现健康健身。实现大学生健康健身的途径主要有三个：学校体育、课外体育竞赛，俱乐部和社区活动，体育活动和日常生活锻炼。健康健身应具有生活化、简单化、科学化的特点，使个人和群体在课堂、学习和生活中随时进行。

1. 教学途径获得

体育是学校教育的重要组成部分，体育课程是大学生实现身体健康的重要途径。在这一阶段，高校开始开发和整合一些具有一定健身娱乐价值的新体育项目，以满足现代社会的发展和大学生的需求。在"健康第一"的指导思想下，强调与身体健康有关的知识、技能和素质，强调体育锻炼的个性，培养学生的自我锻炼能力，不仅是学校体育教育的重要内容之一，也是培养学生形成终身锻炼意识和习惯的基础。同时，本科生还应具有个人认知技能和健康管理技能，尤其是自我调节锻炼次数、锻炼时间、锻炼时间的能力，从而为终身体育打下良好的基础。

2. 课外体育活动获得

课外体育活动是大学生锻炼的重要形式，其锻炼时间超过体育课的锻炼时间。因此，充分利用课余时间参与课外体育活动不仅是养成良好锻炼习惯、增进身体健康的重要途径，也是学生终身体育的开端。

3. 运动负荷

"多少运动量和运动强度合适"是一个经常涉及的问题，这个问题的答案应该根据运动的具体目标来确定。改善健康所需的最低运动量称为健康阈值；提高身体素质的最低运动量称为运动阈值。研究表明，一些低运动量的体育活动（如园艺、家务、慢跑等）也可能提高健康水平。只要这些活动定期进行并持续很长时间，就能从中受益。

二、大学生健康体适能的管理

体育锻炼在延长生命、丰富文化生活、提高生活质量、提高疾病防治能力等方面具有不可替代的作用。目前，国外已将体质作为青少年健康的一个指标，并将其纳入公共卫生监测体系。"生命在于运动"，运动与健康的关系非常密切，如果想拥有一个健康的身体，必须坚持体育运动。

在大学期间，我们应该注意两个方面：第一，加强终身体育意识，要认识到体育是人类社会发展进步的重要组成部分。大学生不仅要有健康的生活方式和更好的身体素质，以便更好地生活和学习。第二，掌握运动技能。大学生可以通过理论和技能的学习，具备健身能力，按照自己的运动计划进行锻炼，不断提高健康水平。因此，每个大学生都应该清楚地了解自身的健康状况，有针对性地提高和发展健康水平。

（一）健康管理构成

健康管理是以干预为中心，对健康风险因素进行全面监测、分析、评价、提供健康建议和指导、干预的全过程。通过健康管理，学生可以理解体育活动价值，掌握锻炼方式，提高体育活动的实践能力，最终形成良好的行为习惯，使其成为健康生活方式的重要组成部分。

健康和健身管理的重点是对个人或团体运动、食物结构、生活方式、心理和环境的全面管理。

健康管理是一个循环过程：根据不同时期设定锻炼目标，进行不同的锻炼。

健康管理从饮食、运动、心理和习惯等多个角度出发，为个人设计个性化的健康导向计划，包括营养配餐计划、运动保健计划、药物膳食调理计划、理疗康复计划和习惯干预计划。通过目标、计划、措施、监测和指导帮助个人提升健康水平，从而达到预防疾病的目的。

（二）健康体适能实施阶段

首先，享受锻炼过程，并愿意参加更多的体育活动。随着体育运动和身体素质的提高，个人对体育活动产生兴趣，主动了解提高身体素质和锻炼的原理和方法，科学调节饮食和营养，解决有氧运动中需要注意的问题，以不断提高自身的健康素养。

其次，通过锻炼获得乐趣。个人的健康意识得到加强，形成规律的运动习惯和健康的生活方式。

再次，个人应在获取健康健身知识的基础上，加强自身的评估，掌握健身方法，养成锻炼习惯。

最后，在掌握健身知识和方法，提高了个人的整体健康水的基础上，制订运动计划。

第三章　运动技能体适能教学训练

第一节　走与越野行走

一、走

走路就是步行，无论是慢走还是快走，它都属于步行的范畴。走路伴随着人类的生活。许多人认为步行只是生活的需要，却没有意识到步行不仅是一种简单、方便的有氧运动，也是人们最基本的运动技能。行走时，碳水化合物和脂肪物质被氧化和分解，为肌肉和全身各器官提供能量。目前的研究表明，体育活动可以有效地降低患糖尿病的风险。例如，每天步行上班可以将患糖尿病的风险降低40%，且步行速度也与糖尿病患病率有关。

（一）走的特点

1. 不受时间限制

走是没有限制的。在一天的工作和生活中，只要有大约半小时的时间，就可以找到步行锻炼的机会。如果想游泳或爬山，则只能等到周末或假期才有足够的时间。去上班时，可以先走一两站，再坐公交车或地铁，或根据时间提前一到两站下车。在晚饭后或睡前散步，放松一整天紧张的神经，也是一种良好的健身和调节方式。

2. 不受地点限制

游泳应该在游泳池或其他有水的地方进行，登山应该去有山的地方，如果没有山和水，这两项运动就不能进行。而步行锻炼不受地点限制：无论是在山区或平原、城市或村庄、路边或公园，每个人都可以步行锻炼。

3. 不受天气限制

许多锻炼方式都受到天气的影响。例如，在下雪或下雨时，跑步运动很难进行。而步行锻炼不受这些限制。如果有风，那没关系，逆风而行；如果下雨，就在雨中行走。而且，在风中或雨中行走比正常行走能获得更好的锻炼效果。

4. 不受年龄限制

人类在很小的时候就学会了站立和行走，因此散步是一种与人类生活密切相关的锻炼方式。游泳、登山和有氧运动对老年人和儿童来说运动量过大，而且有一些技术上的困难。走路没有技术难度，可以自己掌握节奏。体质较弱的老年人可以走得较慢，而体力较强的中年人可以走得更快，并练习快走。

（二）走的功能

1. 走是运动的基础

人类学会直立行走后，下肢逐渐演变为身体活动的主要支撑器官，在直立状态下保持身体的灵活性，平衡身体骨骼和肌肉对自身重量的支撑力和自身体重产生的重力，以此进行与运动相关的最基本的体育活动，比如跑步、跳跃和投掷。步行是人体最基本的运动能力，两条下肢均匀缓慢地交替支撑体重，使腰部、腹部、腿部、脚部、脚踝等部位的肌肉、关节和韧带得到充分锻炼。

2. 促进健康

"体育生活化"是全民健身发展的重要战略。步行与"运动生活"密切相关。运动生活是培养人的运动习惯的初始阶段。传统中医认为"行走是各种复杂事物的始祖"，人的的脚掌被称为人体的"第二心脏"。行走不仅可以增强体质，预防疾病，还可以调节神经系统，愉悦身心，改善心态。一些医学专家指出，长期步行上班的人的心血管疾病、神经衰弱、血栓性疾病和运动系统慢性疾病的发病率明显低于喜欢坐车上班的人。

（三）训练的方法和手段

走路是人体最基本、最经常的位移运动，与健康有着密切的关系，具有增强心脏功能和腿部肌肉力量的作用，与其他健身手段相比，它对关节、肌肉的损伤最少，活动最安全。走路锻炼的方法有以下几种。

快步走：每分钟120~140步，平均心率120~140次/分钟。这是一种中等强度的运动，可以消耗热量，降低血脂和体重，对心脏和肺有良好的刺激作用。在训练期间，应该选择一个空气清新、环境优美、道路平整安全的地方。该运动适合所有年龄段的人进行。

慢步走：每分钟走80~100步，平均心率110~120次/分钟，属于低强度运动。它能有效降低血液粘度，产生内纤维蛋白，使人精神愉悦，有利于大脑皮层的放松。慢步走适合中老年人和病后身体虚弱的人进行，也可以作为高血压和高血脂患者的运动处方。

散步行走：每分钟步行60~70步，平均心率约为100次/分钟，属于小强度运动。与家人和朋友一起散步可以调节气氛，和谐关系，从而放松精神。

（四）管理

不良的步行姿势不仅会对脊柱、肩膀、骨骼、膝盖和身体其他部位造成巨大伤害，还会影响个人的整体气质。正确的行走姿势可以使人体在行走过程中处于稳定状态，保护身体各器官的功能，降低肌肉和韧带的张力，延缓肌肉疲劳的发生，促进身体的正常生长发育，形成良好的体型。

正确的步行姿势

培养青少年正确的步行姿势对他们的生长发育和身体健康非常重要，它还可以展示一个人的精神面貌、行为和气质。走路时，要注意上身直立，膝关节伸直，体重首先从脚跟移到脚趾，脚尖向前，手臂向前，还应注意尽量减少上下撕裂和左右摆动，通过伸直膝关节增加节距，增加髋关节的活动范围，骨盆不应向前倾斜；手臂的摆动大致平行，脚后跟不能旋转，身体不能左右偏离。具体方法如下：

（1）开始走路时，用大腿带动小腿，先用脚跟触地，然后将重心移动脚尖让前脚掌着地。

（2）向前一步时，应膝盖向前，脚趾轻微外展。颈部自然笔直，下巴缩回，眼睛水平。肩膀放松，手臂自然和谐地来回摆动。手臂前摆时，肘部稍微弯曲，后摆幅度，一般与身体保持在30°左右。

（3）保持腹部向内和胸部向外是步态优美的关键。身体重心与前进方向应一致。

（4）虽然根据个体的身高不同，步态也会有一些差异，但必须轻盈、有力和敏捷。

二、越野行走

越野行走，也称为"北欧式行走"，源于芬兰。越野行走已成为世界上发展最快的大众健身项目之一。越野行走可以满足不同身体素质和年龄的人的需求，人们可以在城市地区、郊区和山区进行，每个人都可以找到自己的节奏和目标。

越野行走用手杖辅助人在平地上行走。行走时，手杖向后支撑地面，并对身体产生向前的推力。它比步行更有效，比慢跑更安全。在步行时使用手杖时，部分重量由手杖承担，从而减少腰部和下肢关节的负荷。手杖的使用，解决了人在行走时上肢运动不足和运动强度低的问题，大大增强了健身效果。同时，用手杖支撑地面时，需要上肢、肩膀和背部的力量，这可以调动全身肌肉。越野行走的健身效果比普通行走高出很多。越野行走适合长期步行，并实现全身大肌群的同步运动，是有氧运动的最佳项目。

（一）越野行走的节奏和技巧

除了良好的体能和坚强的意志，合理的节奏和科学的技能也尤为重要。在野外行走是人生存活动的基本技能。掌握越野行走的速度和技巧可以避免危险事故和迷失方向，从而节省体力，提高行走速度。

1. 掌握节奏

正确的行走节奏能合理地保持体力。一般来说，在平坦的道路上行走时，应该以恒定的速度行走约50分钟，休息10分钟；在不平坦的道路行走时，应该行走20分钟左右，休息10分钟。也不要忽快忽慢，不要狂奔，更不要长时间休息。如果体力消耗过多，心跳加快，呼吸加速，应该停下来片刻，等呼吸减慢，心跳减缓后再继续前进。

2. 在山地行走的能力

面对复杂的地形，应该合理选择行走的方向和道路。可记住这一登山秘诀："要走不要跳，要匀不要急，走路不走坡，走硬不走软，前紧后松，快去慢回。走路不看景，看景不走路。"登山时，应将脚跟落在坚硬突出的石头上，形成一个平面；从山上下来时，应选择突出的石头作为前脚的支撑。

3. 行走的原则

人们走得越快，消耗的能量越多，身体疲劳的程度就越大。因此，不要前后摆动上身，要保持一定的姿势，保持呼吸和节奏的一致性，以均匀的速度行走。对于大多数人来说，在不负重的前提下，消耗较少能量的步行速度应该控制在每小时3.6公里左右。这种速度被称为经济速度、基本速度或不知疲倦的速度。经济增长速度只是一个基准。行走的原则是找到自己的"经济"状态，并根据路况和身体感觉独立调整行走速度，这通常被称为"按自己的步速行走"。

4. 上坡技巧

行走的坡度越陡，消耗的能量就越多。减速、缓慢爬坡，既能保证安全，又能节省体力。爬坡时，需要注意走路的方式。脚底应与地面平齐，使重量均匀分布在脚底，使脚底具有摩擦力，不易滑动。步幅应比平地小，上身不能前后摇晃，保持重心平稳移动，否则很容易失去平衡。如果斜坡上有几条路可以自由选择，最好选择弯路，这样更省力。

5. 下坡技巧

俗话说：上山容易下山难。下坡姿势会对膝关节产生强烈影响，错误的下坡方法容易导致疲劳甚至膝关节损伤。下坡时，由于加速，脚自然向前伸展。如果不判断路况就很容易走空一步。正确的下坡姿势应该是身体稍微向前弯曲，而不是前后左右摇晃。仔细观察底部，一步一步地下坡，和上坡一样，下坡时鞋底也应该贴近地面，并仔细观察前方的道路。

如果掌握了在不同道路上行走的技巧，行走将会更轻松、更快乐。身体健康和良好的体能储备是越野行走最重要的条件，因此需要制订一个适合自己的体育锻炼计划，逐步提高耐力、力量。耐力可以通过游泳、爬山、长跑和骑自行车获得，力量可以通过每天做俯卧撑、仰卧起坐、引体向上和举哑铃来获得。

（二）越野行走六大方法

1. 绕远路找乐趣

如果对环境有起码的了解确保自己不会迷路的话，可以不用走同样一条路，不妨绕远路，因为气候、季节的不同，环境会有不一样的变化。有时候要有意识地去绕远路，那样会发现别有一番乐趣。

2. 偶尔离开正道

如果对自己有信心，不妨离开正道去走走、去看看，感受到的也许会更多、更丰富，好的风景都藏在人少的地方。路本来就是人走出来的，不妨去享受一下披荆斩棘开路的趣味。当然要避免走过于危险的路段，要保障自身的安全。

3. 适当进行休息

每个人的体能和技巧不同，因此没有明文规定走多少路应休息多久。一般来说，大概是平地走50分钟，休息10分钟；山坡路走30分钟，休息10分钟。如果休息时间过长，身体的机能将会变得迟钝。休息时不必直接坐在地面上，可坐在高一些的石块上，这样血液不会完全积到臀部。

4. 协调节奏速度

长时间步行避免疲劳的要领是把步幅放小，以同节奏和速度来走路。

5. 保持良好心态

刚开始进行越野行走时，最少要在平地上走15分钟，练习后加长行走时间，走路和赛跑一样都是需要技巧的，不要在走路的过程中只想着如何去走，把走路当成目的和负担。

6. 注意精力集中

在行走时要养成一个良好的习惯，即集中精力，不要边走边说笑和打闹。在行走过程中应尽量少讲话，更不宜大声唱歌，因为这样会消耗更多的体力。

第二节　跑与定向越野

适应性是根据自然环境条件选择生物体变异的因素。食肉动物强壮的身体、快速奔跑的能力和敏捷的动作是为了快速奔跑而"设计"的；食草动物的敏捷、灵巧和快速反应能力，无不是为了逃避狩猎而"设计"的。如此精巧的设计，让"追逐"与"奔跑"之间的竞争不仅令人兴奋，而且精彩绝伦。

一、跑

如今，跑步已经成为受国内外许多人青睐的健身运动。跑步是一项基本的活动技能，是人体快速移动的一种动作。跑步和步行的主要区别在于，在跑步过程中，两条腿在交替着地的过程中有一个起跳阶段。跑步和步行与速度、运动、姿势和呼吸无关。只要一只脚在另一只脚落地之前离开地面，不管速度有多快，都是在走路。如果你的脚同时离开地面，无论你速度有多慢，都是在跑。跑步可以促进身体最基本器官的健康，改善心、肺和血液循环系统及其持续时间，而心血管系统的健康是身体健康最重要的标志。

跑步锻炼不仅有很多优点，而且简单易行。这是锻炼全身肌肉、改善心肺健康的有效方法，因此跑步已成为大众锻炼的主要形式。然而，跑步必须满足一些基本要求，才能真正实现增强身体和避免运动损伤的目标。例如，跑步姿势可以决定肌肉锻炼的部位，如果跑步姿势错误，不仅会造成身体损伤，还会影响肌肉线条的美观。

（一）跑步的姿势

跑步姿势要正确，上身要挺直，微微前倾，肩膀要放松，肘部要自然弯曲，手臂要在身体两侧来回摆动。跑步时先是脚底后部着地，大腿用力引导小腿向后摆动。

跑步时的呼吸必须有一定的节奏。当同时用鼻子和嘴呼吸时，嘴不应该张开太大。舌头可以卷起，以延长空气在口腔中的停留时间，同时减少冷空气对呼吸道的刺激。每次呼吸都可从肺部呼出尽可能多的气体，以增加肺的通气量。

（二）速度

有很多提高跑步速度的方法。可以在田径场上短距离重复跑步；做速度游戏；沿着斜坡快速下山；参加比赛。速度训练对每个人的影响都是很大的。提高速度的方法有三种：增加步频、增大步幅及同时增加步频和步幅。第一种方法更可取，因为增加速度会导致一些生物力学问题和运动损伤。

（三）时间及强度控制

1. 时间

在下午和晚上，空气中的氧气浓度最高，人们感觉最敏感，协调能力和身体适应能力也最强。虽然不同人群之间存在明显的个体差异，他们的心肺功能和身体状况不同，运动时间、运动频率和运动方式也不尽相同。但是对于绝大多数体质正常的人来说，只要避开饭前半小时、饭后一小时和睡前一小时的时间段，就可以在任何其他时间进行锻炼。

2. 力量

跑步锻炼必须遵循循序渐进、因地制宜和持之以恒的原则。自我感觉是控制运动量和强度的重要指标。如果有轻微的呼吸急促、心跳加快、体温升高、脸色发红、出汗，说明运动量和强度良好；如果出现明显的心悸、气短、胸闷、头晕、出汗和疲劳，则表明运动已经超负荷。

有一个非常简单的测量方法：如果经过一段时间的锻炼后，感觉精力充沛，胃口好，睡眠质量好，早起测量脉搏，每分钟跳动次数比以前少，表明目前的锻炼量和锻炼模式非常合适；如果在一段时间锻炼后经常感到困倦和睡眠质量不好，早起测量脉搏，每分钟比以前跳动次数比以前多，这意味着已经运动过量，需要调整。

（四）跑步后的注意事项

（1）不要蹲着休息

如果长跑后立即蹲下休息，会阻碍下肢血液回流，影响血液循环，加深身体疲劳。正确的方法是在每次锻炼后进行一些活动，比如慢走和放松双腿。

（2）注意温度调节

运动后，体表毛细血管扩张，大量热量被辐射到体内。如果接触冷水，会导致毛细血管突然收缩，降低身体的抵抗力。运动会损失大量热量，人体消化系统仍处于抑制状态，此时吃大量冷食，极易引起胃肠道痉挛、腹泻、呕吐和胃肠道疾病。运动后，如果立即进入空调房休息，会妨碍正常的生理调节功能，引起生理功能障碍，容易患感冒、腹泻、哮喘、风寒麻痹等疾病。

（3）注意整理活动

在每次锻炼后应该适当放松，如散步、放松按摩等，这将有助于消除肌肉疲劳，快速恢复体力。

（4）不要立即进食

运动时，全身血液会重新分配，胃肠道的蠕动减缓，各种消化腺的分泌减少。如果运动后不休息就立即进食，很容易引起人体消化系统的功能紊乱。

（5）不吸烟

在运动中，人们的呼吸加快，身体应确保充足的氧气供应。如果运动后立即吸烟，会降低肺部含氧量，出现胸闷、哮喘、呼吸困难、头晕、疲劳等现象。

二、定向越野

"定向"来自瑞典语单词"Orientering"，指借助地图和指南针穿越未知区域。定向通常被认为是日常生活、工作和户外娱乐活动的重要技能。它可以帮助人们找到安静的钓鱼地点、偏远的野餐地点，还可以帮助确定自己在森林中的位置，避免迷失方向。士兵、野外探险家、猎人、渔民、徒步旅行者、登山者、探险家都知道定向的重要性。随着越来越多的人参加以回归自然为主题的户外运动，定向已经成为一种需要掌握的生存技能。

（一）定向越野的功能

定向运动作为一项利用地图和指南针导航的新运动，正在吸引越来越多的的人参与其中。它不仅是一项休闲和户外娱乐的运动，也是一项竞技运动。定向运动是一项非常健康和智能的运动，可以增强体质，还培养人们独立思考和解决问题的能力和在压力下快速作出决策和分析问题的能力。同时，还可以培养良好的研究、规划能力和空间感、方向感等，具有较强的实用性。

定向运动通常在森林中进行，也可以在公园、校园甚至城市道路上进行。定向运动的参与者很少受到条件的限制，能够满足其回归自然、追求高质量生活的需求。

（二）定向越野的技巧

1. 标定地图

标定地图是为了使越野图的方位与现地的方向相一致。

（1）概略标定

越野图上的方位是上北、下南、左西、右东。当我们在现地正确地辨别了方向之后，只要将越野图的上方对向现地的北方，地图即已标定。

（2）利用磁北线（MN线）标定

先使透明式指北针圆盒内的定向箭头"1"朝向地图上方，并使箭头两侧的平行线与越野图上的磁北线重合或平行，然后转动地图，使磁针北端对正磁北方向，地图即已标定。

（3）利用直长地物标定

利用直长地物，如道路、土垣、沟渠等标定地图，首先应在图上找到这段直长地物，对照两侧地形，使图与现地各地形点的关系位置概略相符，然后转动地图，使图上的直长地物与现地的直长地物方向一致，地图即已标定。

（4）利用明显地形点标定地图

当位于明显地形点上，并已从图上找到该地形点的位置时，只需转动地图，使图上的站立点至目标的连线与现地的站立点至目标的连线重合，此时地图即已标定。

2. 地形对比

地形对比是通过仔细观察，使地图上和现场地形的各种特征和形状逐一"适应"。定向越野比赛中的地形对比有两个主要功能：第一，当站立点尚未确定时，只有通过正确比较地形，才能在地图上找到站立点的正确位置；第二，当站位确定且需要改变前进方向时，只有通过比较地形才能在现场找到最佳选择的前进路线。

（1）在确定站位点之前

应该先大致划界，再快速观察周围环境，记住较大或有特征的地形、地貌的大致方向和距离，可以大致确定站立点的位置。

（2）确定站位点之后

先大致校定地图，再从地图中发现所选运动路径附近前方和两侧的特征，记住大致方位和距离，然后继续前进。比较地形的顺序一般是先比较大而明显的地形，再比较一般地形，从左到右，从近到远；从点到线，从线到面，一节一节地规律对照、检查。

3. 确定站立点

熟练地掌握在图上确定站立点的各种方法是学习使用地图的关键。对于这些方法，除了要记住它们各自的步骤、要领，还要学会根据不同情况，对它们选择使用和结合使用。

（1）直接确定

当自己所处位置是在明显地形点上时，只要从图上找出该地形点，站立点即可确定。采用直接确定法的困难在于：在紧张的进程中，只有同一种明显的地形点互相靠近的时候，才能够正确地区别它们。

（2）利用位置关系确定

当站立点位于明显地形点附近时，可以采用位置关系法确定站立点的要领：一是站立点至明显点的方向，二是站立点至明显点的距离。在地形起伏明显的地方，还可以结合高差情况来确定。

（3）利用"交会法"确定

当待测点位于线状地形，包括道路、沟渠、山背线、谷底线等时，如果在与运动方向相垂直的方向上能够找出一个明显地形点，那么线状地形符号与垂直方向线的交点即为站立点。

4. 迷失方向时的方法

（1）沿道路行进时

标定地图，对照地形，找出错误的源头，确定偏差有多大，然后根据情况另选道路前进。

（2）越野行进时

应立刻停止行进，标定地图后选择最适用的方法确定站立点，然后选取捷径回到正确路线，不得已时应返回原路。

（3）在山林地中行进时

根据错过的基本方向、大概距离，找出开始发生偏差的最近地点，并以此为基础，确定出站立点的大概位置。如果位置太远，确定不了站立点，又不能返回原路，就要在图上看一看，迷失地区附近是否有较大型或较突出的地形，利用它确定站立点。如果没有这个条件，那么就继续按原定方向前进，待途中遇到能够确定站立点的条件后，再迅速取捷径插向目的地。

（三）定向越野的运动技术

定向越野的运动技术和其他长跑项目一样。要尽可能减少能量消耗，保持一定的速度，根据情况适当加速。

1. 姿势：主要采用微微前屈或直立的姿势。尽量协调躯干、手臂、臀部和腿部的运动，并善于利用跑步中产生的支持性反作用力和惯性，保持身体稳定。

2. 呼吸：最好用鼻子和半张嘴呼吸。当跑步中出现"极端"的生理现象时，要适当改变呼吸频率和深度，一般来说，应该用自然、适当的深度和节奏呼吸。

3. 体力分配：可根据所选路段，或根据比赛阶段，或根据不同的条件确定。通过及时交替的方法，不仅可以快速运行，而且可以节省精力。

4. 速度：一般来说，速度不应该太快，否则不仅会影响体力的正常使用，还会严重影响判断。但是对于一个有经验的运动员来说，当地形有利时，他应该尽可能快跑。

5. 节奏：运动节奏太快不容易持续，太慢会抑制速度。有节奏的运动不仅可以节省身体的能量消耗，还可以实现运动协调。

6. 距离感：在越野比赛中，需要保持一定的距离感。在越野行进中，由于地形的变化，参与者的步幅（距离）也有很大不同。

第三节　跳跃与跑酷

跳跃动作来源于生活，与日常生活密切相关。跳跃能力是人类生产和生活中最基本的技能，在人类数百万年的进化中起着非常重要的作用。

一、跳跃

跳跃是一个连续的运动过程，包括起跳、腾空和着陆等，具有改变运动方向的特点。它要求练习者在很短的时间内改变人体的运动方向，将人体的水平位移运动变成抛射运动。跳跃的能量来源主要取决于肌肉中磷酸的分解，释放的能量用于重新合成三磷酸，而肌肉中的磷酸是物质基础。跳跃是一项典型的、具有爆发力的运动项目，对骨骼肌收缩的强度和速度以及全身所有肌肉群的协调集中力有很高的要求。

二、跳跃管理

跳跃能力是全身力量、奔跑速度、反应速度、身体协调性、柔韧性和灵活性的完整体现。训练跳跃能力最重要的是坚持：每天都有要拉伸身体各个部位的肌腱、韧带和肌肉，以扩大关节的活动范围。同时，由于每个人的情况不同，应该根据自己的情况选择合适的练习方法。跳跃能力由两方面决定。一是遗传因素。一个人跟腱的长度越长，反弹越好，跳跃能力越强；二是后天练习。后天的训练可以从以下几个方面进行：增加弹跳；增加弹速；增加爆发力；练习身体协调能力。

（一）跳跃的动作练习

起跳的动作包括以下两种。

1. 助跑起跳

两条腿之间的分工是不同的：一条是起跳腿，另一条是摆动腿。助跑结束后，起跳腿用力蹬地，摆动腿用力抬起膝盖，手臂同时用力摆动。

2. 原地起跳

双腿打开与肩同宽，脚趾和膝关节向前移动。首先蹲下，然后双腿用力蹬地，双臂也随之上摆。

跳跃应在相对较软的沙子和草坪上进行。练习结束后，注意放松并按摩小腿，以防止筋膜发炎。在运动中，要循序渐进，掌握适量的运动量，在运动前进行关节准备活动，运动后安排放松整理活动，注意自身的主观感受，加强医疗监督。

（二）力量训练

人在跳跃时由大腿发力，而即将起跳的那一刻，则由小腿发力。从地面起跳后，依靠腰腹部的力量停留在空中。因此，大强度的力量训练应该每周至少进行两次，最多不超过四次。小强度的力量训练则可使用各种训练设备进行，训练目的是提高肌肉耐力、增粗肌肉纤维和减少脂肪。

（三）弹速训练

弹速度训练和高强度训练是一样的，不必每天进行，应特别注意使用小强度训练来提高大腿后面肌肉的力量。

（四）神经系统与跳跃运动的关系

跳跃运动对运动神经系统的强烈刺激迫使肌肉群剧烈收缩产生巨大的能量，从而使运动神经系统更加敏感。两者相互促进使人就可以跳得更高。

三、跑酷

跑酷运动这个词来自法语单词"parcourir"，意思是"跑来跑去"，还有"超越障碍训练场"的意思。跑酷将整个城市当作一个大训练场，所有的墙壁和屋顶都成为可以攀爬和穿越的对象。

（一）身体素质训练

跑酷运动员的身体素质包括一般身体素质和专项身体素质。普通体育训练旨在提高运动员的身体健康水平，改善身体形态，提高各器官系统的功能，为专项训练打下良好的基础。专项训练是学习、掌握和应用技术的基础和保证。

1. 身体素质训练

（1）力量训练及增强柔韧度

训练计划的重点是增强身体力量和腿部力量，同时提高骨髓和腿部背部等关键肌肉的灵活性和柔韧性。刚刚开始速度训练应在每周跑30公里或以上的至少两个月后再开始这项训练计划。为了避免过度训练，需确保每次训练之间有足够的时间休息和恢复。

（2）核心力量训练

仰卧起坐：帮助锻炼上腹部和下腹部的肌肉。先用腹部力量抬起膝盖，头最大限度地触碰膝盖，然后慢慢放下。

俯卧两头起：这对锻炼上背部和下背部很有用。趴在地上，双腿并拢，双手放在头后。同时抬起上身和小腿，坚持至少2秒。慢慢增加时间直到可以坚持20秒。

侧身运动：有助于锻炼腰部和腹部两侧的肌肉。首先，身体侧躺着，双腿并拢，膝盖略微弯曲，双手放在头后，尽可能地抬起身体，然后回到原来的位置。

仰卧直立举腿：强化腹部，尤其是下腹部的肌肉。平躺，双腿平放，手掌朝下，臀部下方支撑。同时，慢慢抬起双腿，然后慢慢放下，注意不要用脚跟触地。

（3）灵活训练

站立前踢腿：有助于锻炼臀肌、延髓和大腿后部，以及两侧的肌肉。

仰卧剪刀腿：有助于锻炼大腿后部和大腿两侧的肌肉。

髋关节环绕：有助于提高髋部和大腿的柔韧性。

（4）柔韧训练

鹰式仰卧牵拉：有助于提高腰部、臀部、大腿后部和股四头肌的柔韧性。

站立高位股四头肌拉伸：这个动作有助于放松股四头肌。

站立腓肠肌拉伸：这个动作有助于放松腓肠肌。

坐位腹股沟拉伸：这个动作可以拉伸腰部外侧、大腿外侧、背部和颈部的上下侧。

（5）速度训练

单腿深蹲：这个动作有助于提高腿部力量和股四头肌的柔韧性。

提踵练习：有助于加强脚踝周围的小肌肉群，提高步伐的频率。

火箭纵跳起：这个动作有助于提高腿部力量。

半屈腿蛙跳：这个动作有助于增加步幅，提高股四头肌力量。

台阶跳：这个动作有助于增加腿部力量。

侧身交叉步跑：这个动作有助于提高关节的灵活性，增加关节的活动范围。

2. 基本动作的技巧、练习要领

（1）落地

落地时有两个困难：第一个是前后重心的控制，重心应前而不应在后。一旦重心在后，脚跟着地的后果是很可怕的事情。第二个是左右重心的控制，试着让两只脚均匀地承担力量，因为小腿的肌肉力量几乎承担了一个人快速落地的冲击力，多进行踮脚跳对提高肌肉力量非常有益。

（2）打滚

打滚的最大优点是确保脚跟在身体落地时不会接触地面，这样脚踝和膝盖将得到最大限度的保护。尤其是在跳2.5米和3米的高度时，大多数人，在落地时没有打滚的情况下，很难确保脚后跟不接触地面。因此，打滚是一个需要掌握的动作。其中，手的位置非常重要，否则无法保证安全，刚开始练习打滚时，重心必须降低，否则很容易摔伤。

（3）双手支撑

在靠近障碍物的地方，用双手支撑栏杆或墙壁，在一侧交叉双腿，并及时松开同一侧的手，完成跨越。

（4）旋转抓

旋转抓通常用于有栏杆的地方。在栏杆前，将一只手的手心面对自己，将手放在栏杆下并握住；另一只手的手背朝向自己，将手放在栏杆顶部，并紧紧握住。双手之间的距离不应大于肩膀的宽度。跳跃后，以手掌面向身体为轴，将双腿旋转180º。

（5）金刚跳，猴子跳

金刚跳和猴子跳最明显的区别是金刚跳有明显的向前运动。在猴子跳中，手臂的功能是提高跳跃高度，而在金刚跳时，手臂的作用是让你跳得更远。

（6）翻越

先用双臂在墙壁、栏杆、铁门的上部，支撑身体，另一只手扶住墙壁，头朝下，腹部和背部肌肉迫使两条腿在上方摆动，从侧面看，腿会在空中画一个圆圈。

（二）跑酷必备常识

跑酷运动对身体素质的要求很高。首先，体重不应过重，过重会影响身体的灵活性，尤其是在下坡时，脚踝和膝盖会承担较大风险。其次，力量应该足以支配身体，这既是所有动作正常完成的保证，也是人身安全的保证。跑酷练习应注意以下几点：

（1）任何运动要按照正确的方法努力训练；

（2）训练时穿宽松的裤子和抓地力强的跑鞋可以跑得更稳；

（3）虽然可以单独训练，但最好找个训练伙伴；

（4）训练前不要吃得太饱，尽量少吃面食。如果过多饮食为胃提供能量，训练效果会大大降低；

（5）每天至少花40分钟到1小时锻炼身体。在进行体育锻炼之前，需要热身10分钟~15分钟。训练后，需要拉伸以缓解肌肉疼痛；

（6）腰部和腹部是控制和平衡身体的重要部位，应该重点关注；

（7）肩部力量是完成许多动作的关键；

（8）第一个要学的跑酷动作是落地；

（9）安全第一，所有行动必须在确保安全的情况下进行；

（10）不能同时完成的动作应逐步完成，不能一步一步完成的动作应以辅助训练为主；

（11）坚持训练。完成一个动作后，不断重复训练以完全掌握，每一点点进步都是你下一次锻炼的动力；

（12）不要试图在危险的地方跑酷，以避免骨折；

（13）在学习了许多动作后，练习连续跨越障碍物；

（14）去难度较大的地方练习基本动作，提高心理素质。

第四节　平衡与攀岩

平衡意味着双方的数量相等或抵消，因此产生的力为零，使物体处于静止状态。运动中的平衡主要是指机体的稳态不断被代谢过程破坏，身体通过各种调节机制不断恢复稳态的过程。失衡是指内力和外力不为零，当身体失去平衡时，应通过调整动作或姿势以及力的大小来维持稳定状态。由于人体是左右平衡的"对称体"，只有在平衡的运动中才能处于最佳状态。运动中的稳态是一个复杂的动态平衡过程，在体育运动中很难有真正的稳态。因此，平衡运动不应理解为"绝对平衡运动"，而应理解为"相对平衡运动"，即具有调节平衡作用的运动。

一、平衡能力概述

平衡能力是人类神经系统在一定时间内自我调节的过程，是一种自动调整和保持姿势的能力，是神经系统和运动系统完整功能的体现。根据人体的运动状态，平衡可以分为三种类型。

静态平衡：如人体的静态位置等。静态平衡能力是人体在没有外力作用下维持其中固定姿势的能力。

动态平衡：如何在平衡木上行走、上楼梯、下楼梯等。动态平衡能力是指在运动状态下，对人体重心和姿势的调整和控制能力。

动静态复合平衡：如何从坐姿或蹲姿中突然起身的平衡，行走时突然停止的平衡，背部受到外部侧向力干扰后的平衡，背部支撑突然移除后的平衡，等等。

无论是在休息还是运动中，人都在控制身体的重心保持稳定。平衡感被传递到中枢神经系统，经中枢神经系统进行综合和分析处理后，从锥体束发出，以调节肌肉和骨骼随时纠正身体的偏差，从而保持平衡。

二、平衡训练

平衡训练可以提高视觉器官的敏感性、肌肉的敏感性、前庭感觉功能以及大脑皮层的分析整合功能，使人体能够更快、更准确地根据身体姿势的变化做出相应的改变，从而保证人体的静态和动态平衡。

（一）静态平衡训练

静态平衡能力的训练主要是体验平衡的感受和通过转移身体重心建立初步的平衡感。

1. 坐姿平衡

它可以在静态下训练身体的平衡，纠正坐姿，并以此培养平衡感；坐在椅子上，抬起头，把背靠在椅背上；双臂自然地放下，保持平衡。放松肩膀和身体其他部位的肌肉，不要太紧张。

2. 单脚站立

初步训练重心偏离正常时的身体平衡感。双手平放在左右两侧，身体直立，一只脚站立，另一只脚抬起，保持上身静止；换脚，逐渐延长站立时间。单脚站立时，尽量不要感到不安。

3. 踮起脚尖站立

训练小支撑点上的平衡感。踮起脚尖，坚持10秒。双脚脚尖站立不动后，开始练习单脚尖站立。

4. 平衡板站立

使用设备训练身体的平衡。站在平衡板的支点上，坚持10秒。

5. 单腿抱膝式

双脚并拢直立，慢慢地将重心转到右腿，呼气，抬起左膝，双手放在左膝上，拉近身体，收紧腹肌，尽可能地伸展腰部和背部。

6. 简易舞蹈式

双脚并拢站立，慢慢将重心转移到右腿，吸气，抬起左臂，用右手握住左脚踝，大小腿尽可能靠近，眼睛平视前方一个固定点，呼气，身体前倾，向前伸展手臂，保持这个姿势的时间越长越好。当回到直立姿势时，松开右手并呼气，将手和脚恢复到原来的位置，换做另一侧。

（二）动态平衡阶段

人在身体的连续运动中很难掌握平衡，因为身体两侧的动作不同，这对平衡能力提出了更高的要求。可以通过以下几种方法训练。

1. 顶物行走

顶物行走可以练习在动态中保持平衡。在地面上画一条直线，头顶一本书或一个枕头站在直线的起点，行走时，头上的东西不能掉下来。当练习达到一定水平时，可以把走直线改成走圆圈。

2. 华尔兹

华尔兹可以培养在不同方向的运动中保持动态平衡的能力。在地面上画一个大圆圈，绕垂直轴旋转，速度逐渐加快。如果出现头晕，应停下来休息一段时间，并调整旋转的速度。

3. 不倒翁

通过不倒翁训练，可以训练在旧的平衡状态被破坏后建立新的平衡状态的能力。练习者坐直后，将他推到一边，再要求他继续坐直。可以在练习者没有防备的情况下推动他，并要求他继续保持平衡。推力从轻到重，要注意做好防护，避免练习者意外摔倒和受伤。

（三）特殊平衡训练

1. 蒙着眼睛走路

蒙眼可以发展感知非视觉空间平衡的能力。先观察地面上画的直线的方向，然后闭上眼睛开始行走。

2. 倒着走

倒着行走可以培养感知从二维平衡到三维平衡的能力。先在地面上画一条直线，然后沿着直线倒着走。

3. 持横杆走平衡木

持横杆在平衡木上行走，可以加长横杆，并在两端可以悬挂物体练习。

4. 旋转跳跃

旋转跳跃是起跳后在空中进行的一种有规律的旋转运动。这也是某种紧急情况下进行的模拟动作。紧急情况是"遇到障碍",为了成功跨越障碍,在起跳时必须观察障碍物的大小和方向。单杠、跳马、跳高和跳远的原理与旋转跳远相似。这类运动要求人们只有在跳出一定高度和距离时才能跨越障碍物。

5. 滑动项目

滑雪、滑冰和轮滑锻炼的是人的反应能力、速度、力量、灵活性和平衡性。在锻炼过程中,练习者将逐渐适应这种快速运动,并随时准备面对各种危险斜坡和颠簸。

6. 瑜伽

将地毯平铺在地上,然后站直,双眼向前看,双手放在身体两侧,保持呼吸正常。先练习单腿站立,保持右腿站立,左腿从膝盖弯曲,抬起左脚,脚后跟紧靠臀部。用左手抓住左脚尖,此时,左脚后跟可以接触或靠近臀部;右手向前伸直,双手合十,双臂慢慢抬起,双手放在头上,双臂伸直,手掌朝前,保持身体挺直,右腿伸直,身体从上到下保持直线,保持此姿势10秒钟,然后复原。

三、平衡管理

保持正常姿势取决于前庭器官、视觉器官和本体感觉器官的协调活动。其中,前庭器官的作用最为重要,它是人体运动状态和头部空间位置的受体,在维持身体平衡方面起着重要作用。

(一)训练原则

1. 循序渐进

在训练过程中,支撑区域面积由大变小,即从最稳定的位置变为最不稳定的位置。一开始,训练可以在支撑面积大或辅助设备多的位置进行。当练习者的稳定性得到改善时,支撑面积或辅助设备的使用逐渐减少。训练开始时，除了支撑面由大变小，还应逐渐从坚硬平坦的支撑面过渡到柔软不平的支撑面。

重心从低到高。仰卧位-前臂支撑的倾斜位—膝盖位—肘到膝跪位—双膝位—半膝位—坐位—站立位，使重心逐渐变化，增加平衡训练的难度。

从睁眼到闭眼，视觉可以补偿平衡功能，因此训练可以在开放的环境中进行。当平衡功能得到改善时，训练难度可以增加，即在闭眼的状态下进行。

从静态平衡到动态平衡。静态平衡需要肌肉的等长收缩，这可以通过训练来实现。当练习者具有良好的静态平衡能力时，开始训练动态平衡。辅助人员从前面、后面、侧面或斜面推动或拉动练习者，使其失去静态平衡状态。在动态平衡训练中，辅助员可以逐渐增加力量，以达到更好的训练效果。

逐步增加训练的复杂性。平衡反应训练可以在床、椅、地等稳定支撑面上进行，也可以在摇摆、摇椅、滚轴、大体操球等不稳定的支撑面上进行。

2. 综合训练

身体的平衡主要由前庭系统控制，如身体的位移、波动、旋转、加速度等。平衡功能障碍患者通常同时出现肌力、肌肉张力、关节运动范围或步态异常。如果损伤后解剖关系发生变化，尤其是关节或肌腱损伤，很容易导致继发性损伤和习惯性损伤。因此，在训练过程中，必须重视平衡能力的训练。在受伤的情况下，除了功能恢复训练，伤者还需要进行平衡能力的恢复训练。

（二）平衡测试

1. 静平衡测试

计算双腿支撑站立的时间。测试者发出"开始"命令后，受试者单腿站立，双手自然放松。将左腿或右腿放在膝盖上抬起，大腿尽可能平放，放松小腿。

2. 动平衡试验

使用平衡工具进行测试时，受试者在准备好行动后开始测试，测试者按下仪器显示屏上的开始按钮，受试者单腿站立，尽可能保持身体重中心。左腿和右腿测试三次，每次两分钟。当进行直线行走测试时，测试人员发出"开始"命令，受试者站在直线的一端，双脚交替在直线上行走。

四、攀岩

刺激性是攀岩运动最基本的特征，能充分满足人们回归自然、寻求刺激、挑战自然、挑战自我的需求。这是一项具有美感和观赏性的运动。被称为"岩壁上的芭蕾"的攀岩运动也是锻炼人们勇气和毅力的运动。

（一）攀岩的作用

1. 提高体力

攀岩需要平衡的力量和协调的手脚，这种高负荷运动充分锻炼了手臂和腿部的大肌肉群，改善了身体的协调性，促进血液循环增加身体的柔软度。

2. 提高主动性和自信心

攀岩集健身、娱乐和竞技于一体。它要求练习者不仅要有勇敢、顽强、进取的精神，还要有良好的灵活性、协调性和攀岩技巧，这样才能在陡峭的岩壁上熟练地完成身体运动。

（二）攀岩分类

1. 按地点分类

（1）自然攀岩

在野外攀爬天然岩壁使练习者可以更接近大自然，充分体验攀岩的乐趣。岩壁角度和石头的多样性导致了攀岩路径的不断变化。岩壁是固定的，路径是开放的，可以长期保持。

（2）人工攀爬

攀爬人造攀岩墙的优点是安全性高，交通方便，省时省力，意外因素少，可以定期或特殊训练，缺点是缺乏特殊地形，自由攀岩的空间小。

2. 按比赛形式分类

（1）难度攀岩

通过攀岩路径的难度来评价参赛者的表现。难度攀岩比赛的结果取决于参赛者在规定时间内到达的岩壁高度。比赛中，运动员必须用用绳子攀爬。

（2）速度攀岩

根据指定路线，以攀岩时间区分优劣。

（3）抱石竞赛

抱石竞赛时间短，难度大，需要参赛者更强的爆发力和灵活性。抱石竞赛设置终点和得分点，参赛者需要抓住得分点并采取有效的行动而得分。

（4）室内攀岩

建造不同角度和难度的人造岩壁，上面有许多大小不同的岩点，供人们借助岩点的位置进行攀岩，室内攀岩的难度可以由人直接控制。

（三）攀岩技术

1. 手法

（1）把手点

攀岩者可以使用把手点来保持平衡，用手攀岩的基本目的是向上移动身体并靠近岩壁。岩石表面有许多形式的支点，攀岩者应该知道在哪里抓住支点，如何借助支点产生力。根据支点上突起（凹陷）的位置和方向，有拉、抠、张、攥、抓和推等方法。休息区应选择在没有仰角或小仰角，且有一个大支点的地方。休息时，双脚稳稳地踩在支点上，伸直手臂，将上身向后倾斜，腰部向前推，使下身靠近岩壁，并加重双脚上的重量，以减轻手臂上的负荷。

（2）基本要领

抓，用手抓住岩石的凸起部分。

抠，用手抠住岩石的棱角、缝隙和边缘。

拉，在抓住前上方牢固支点的前提下，小臂贴于岩壁，抠住石缝，以手臂和小臂使身体向上或向左右移动。

推，利用侧面、下面的岩体或物体，以手臂的力量使身体移动。

攥，将手伸进缝隙里，以抓住的岩石缝隙作为支点，移动身体。

2. 脚法

（1）踏足点

攀岩者通常使用两种技巧：踩在岩石边缘或利用摩擦力。使用踩在岩石边缘的方法，脚可以踩到鞋底的内侧或外侧，内侧更容易、更安全。对于使用摩擦法的人，脚趾必须向上，鞋底"粘"在脚尖上。登山鞋或柔软的登山靴是最佳选择。低角度岩石不需要真正的踏足点，只要鞋底和岩石接触面之间的摩擦力足够即可。

（2）基本要领

蹬，利用前掌内侧或脚趾的踏板力来支撑身体，减轻上肢的负荷。

跨，利用双腿的灵活性，寻找支撑点。

挂，用脚趾或脚跟悬挂岩石以保持平衡并移动身体。

踏，用前脚掌向下踏到更大的支点，减少上肢的负荷，移动身体。

在踏足点上行走时，尝试对踏面区域施力。弯曲脚踝可以增加脚底和踏足点的接触面积，远离岩壁会在脚部产生向内和向下的压力，以增加稳定性。当脚非常紧绷时，不要随意移动，任何动作或旋转都可能使脚底打滑。

3. 三点固定

三点固定法是攀岩的基本方法。攀岩时，身体应自然放松，用三个支点稳定身体重心，重心应随着攀岩动作的变换而移动，这是攀岩是否稳定、平衡、方便的关键。如果想放松，应该根据岩石表面的陡度和缓慢程度，在身体和岩石表面之间保持一定的距离。如果距离太近，会影响对攀爬路径的观察和支点的选择。

4. 重心

重心是攀岩过程中最关键的问题。攀岩时，应该清楚地知道重心的位置，并灵活地控制重心的移动。重心转移的主要目的是减少双重负荷，保持身体平衡。

5. 节奏

攀岩注重节奏、速度和动作的衔接。一个动作完成，身体就会有一些惯性，如果前一个动作正确，身体的平衡就不会有问题。行动应该是一致的，而不是粗暴的，所有的细节都应该到位。攀岩是一个持续的过程，在攀岩时，很难一口气完成整个过程，所以如果想爬得更高，应该学会有效休息。

第五节 游泳与冬泳

自古以来，游泳一直是一项重要的生存技能，无论是用于狩猎、逃离野兽还是在海洋灾害中自救。根据对现有史料的考证，国内外一致认为游泳源于生活在河流、湖泊和海洋一带的古人。为了生存，他们必须在水中捕捉水鸟和鱼类作为食物。通过观察和模仿鱼、青蛙和其他动物在水中的动作，人们逐渐学会了游泳。

一、游泳的分类

早期，游泳被认为只是教育贵族儿童和训练士兵的一个重要部分，直到18世纪末，游泳得到普及，才成为一项受欢迎的活动。随着体育的发展，游泳分为实用和竞技两大类。实用游泳分为侧跑、跳水、反胸、踏水、救援和武装游泳；竞技游泳分为蛙泳、自由泳、仰泳和蝶泳。

（一）竞技游泳

竞技游泳源于英国和澳大利亚。19世纪中期，世界各地的游泳比赛变得普遍，游泳协会相继成立。竞技游泳是指有特定技术要求，以速度排名，按照比赛规则进行比赛的游泳项目。根据场地的不同，游泳比赛分为两类：游泳池比赛和公开水域比赛。此外，还有其他子分类，如自由泳、蛙泳、仰泳、蝶泳。

（二）实用游泳

实用游泳是指在军事、生产和生活服务中具有重要价值的游泳方法。

如何跳水、踩水、水上救援、武装游泳等。

二、游泳锻炼的价值

（一）对心血管系统的影响

游泳时，水压和阻力在心脏和血液循环中起着特殊作用。在浅水层游泳时，身体承受的水压达到每平方厘米0.02~0.05公斤。潜水时，压力会随着深度的增加而增加，速度的增加也会增加压力负荷。在游泳运动中，心房和心室的肌肉组织可以得到加强，心腔的容量可以逐渐增加，心跳次数可以减少使血液循环系统得到改善。

（二）对呼吸系统的影响

在游泳练习中，由于水对胸部和腹部的压力，人们的呼吸肌肉必须不断克服这种压力。此外，水的密度比空气的密度高得多。因此，如果想呼吸就必须要用力。这样，无论是吸气还是呼气，都可以增加呼吸肌肉的收缩力，从而改善呼吸系统的功能，增加肺活量，在吸气过程中打开更多的肺泡，呼吸顺畅，这对健康非常有益。

（三）对人体皮肤的影响

游泳时，水可以清洗皮肤、汗腺和脂肪腺，起到很好的按摩作用，促进血液循环，使皮肤光滑有弹性。同时，冷水的刺激可以使皮肤血管收缩，以防止热量从身体扩散，促进皮肤的血液循环的加快。

（四）对人体肌肉的影响

在水中的运动减少了对骨骼的影响和损伤关节的机会，使骨骼和关节不容易变形。水阻力可以增加人们的运动强度，它非常柔和，训练强度可以很容易地控制在有氧范围内，且不会让身体出现非常僵硬的肌肉块，使整体线条更平滑美观。

三、游泳管理

游泳是一项既有益处又有风险的运动,虽然能够增强身体素质,增加心血管功能。但是在游泳过程中,不可避免地会遇到如肌肉痉挛、游泳时突然下沉、呛水及其他危险情况。因此,为了自身和他人的安全,应该提前了解和掌握游泳中的自助和互助能力,这对于解决险情是非常必要的。

(一)存在以下情况时不要游泳

①有高血压,尤其是顽固性高血压的患者不要游泳。

②患有心脏病的人不要游泳,其中包括患有先天性心脏病、严重冠状动脉疾病、风湿性瓣膜病和更严重心律失常的人。

③有中耳炎的人不要游泳。无论是慢性还是急性中耳炎,水进入发炎的耳中会加重病情,甚至引发颅内感染。

④患有急性结膜炎的人不要游泳。

⑤皮肤病患者不游泳,游泳不仅会诱发麻疹和接触性皮炎,还会加重病情。

(二)游泳时发生意外的原因

①心理原因:指怕水,因紧张或恐慌导致四肢僵硬等,容易发生事故。

②生理原因:指身体虚弱。

③病理原因:指患有各种不适合游泳的疾病。

④技术原因:指游泳技术差或动作错误。

⑤其他原因:指游泳场所组织管理不规范、设施存在隐患、游泳者缺乏自我保护意识等。

(三)游泳注意事项

①在海中游泳时,尽量不要在退潮时游泳,以免再次逆潮回游时发生意外。

②不要在非游泳区游泳。非游泳区的水情复杂,通常有珊瑚礁、水生植物、淤泥和漩涡流。

③游泳前不要喝酒。饮酒后,体内储存的大量葡萄糖会被消耗,导致低血糖。此外,酒精会抑制肝脏的正常生理功能,阻碍葡萄糖在体内的转化和储存,酒精也会影响大脑的判断能力,从而增加事故发生的概率。

④上岸后避免阳光暴晒,注意保护皮肤,最好使用防晒霜。不要在阳光下游泳太久,否则会导致晒伤或引起急性皮炎。

⑤饭前饭后不要立即游泳。禁食游泳会出现头晕、疲劳等问题;饱腹游泳会引起胃痉挛,甚至呕吐和腹痛。

⑥剧烈运动后不要立即游泳,否则会增加心脏负担。体温的急剧下降会削弱抵抗力,导致感冒、咽炎等。

⑦女性在月经期不要游泳。

⑧游泳时间不宜超过1.5小时～2小时。

⑨游泳能力差的人应注意保护自己,避免发生事故。

⑩遇到危险时,先保持冷静,再大声呼救。

四、极限挑战——冬泳

冬泳是冬泳运动员充分发挥身体潜能,挑战自我或扩大身体承受能力的运动。它体现了人类回归自然、回归自然、保护环境的美好愿望。因此,冬泳不仅是一项受欢迎的运动,也是一项借助大自然展现生命活力的运动。

人们对冬泳的理解不全面。有些人从字面上理解,认为冬泳就是在冬天游泳。事实并非如此。游泳是一项与水温密切相关的运动,水温在10C°～20C°之间为春季游泳和秋季游泳;夏季游泳时水温在20C°～30C°间;如果水温高于30C°,只适合洗澡,而不适合游泳。冬泳是一项特别注重方法的运动,需要严格的训练。冬泳训练应从夏季游泳开始,主要是训练游泳技能;然后进行秋季游泳,确保身体适应冷水后进行冬泳。

(一)冬泳的训练方法

适度的冬泳有益于健康,而过度的冬泳对身体的伤害远远大于其他过度运动，甚至危及生命安全。

夏季游泳运动的运动时间和量一般由体力决定，冬季游泳的运动时间和运动量更多由体温决定。当体表温度开始下降，必须停止冬泳。因此，提高人体耐寒性的是冬泳的训练重点。

1. 时间控制原则

当然，在冬泳期间挑战自身对寒冷的耐受极限是危险的。如果水温为10°C，冬泳时间一般为30分钟。随着气候变冷，水温持续下降，冬泳时间也应该缩短。当水温降至0°C时，冬泳时间应缩短至10分钟。当水温在3°C时，冬泳时间保持10分钟不变，即不随温度升高而增加；当水温上升到9°时，冬泳时间根据自身情况延长。

除了温度，人对冷暖的感觉还受到许多因素的影响，如风力、风向、阳光、湿度等。每个人都可以根据自己的情况总结自己的时间—温度曲线来控制冬泳时间。

2. 注意事项

（1）要因时、因人、因地而异

参加冬泳的人，要根据自己的年龄、健康状况、游泳技术等主观因素。同时，还要综合考虑水温、水域、水质和流速等客观因素。一般冬泳协会的标准是：身体强壮、年纪轻、游泳技术好的人可以多游，身体状况不好的应控制游泳时间。

（2）要循序渐进

初次体验冬泳的时候，人都会感到很强烈的冷刺激，当承受不了时一定要及时出水。随着对水温的逐渐适应，渐次地增加时间。

（3）要持之以恒

游泳要从夏天开始坚持不懈，逐渐适应水温的变化，这样就不会因为在冬天突然下水而感到不适。同时，冬泳对经验的要求比较高，只有多下水尝试，才能更好地锻炼身体。冬泳贵在坚持，不可轻易中断，如果身体状况不佳，绝对不要逞能、硬撑。

（4）入水前后进行适量运动

由于冬泳具有冷刺激强和散热快的特点，在入水前要全身性活动，加大深呼吸次数，冬泳从秋天开始，循序渐进，寒冬季节时每次下水也要先湿四肢，再向肚皮和背后浇水，给身体一个预备信号，然后整个身子浸下水去，向脸上、头上、后脑勺浇水，再开始游泳，并看好游泳时间，到时即返。出水后应通过跑步、跳绳等活动尽快恢复体温。

（5）注意保暖工作

因为冬季穿得多，脱衣时要按顺序摆放，确保在出水后穿得快，迅速达到保暖目的。然后再活动身体，直到体温恢复，回家以后再用温水清洗一下身体。

（6）不可忽视安全

保持头脑清醒、心态平稳，在熟悉的水域缓缓下水，不随便跳水。在靠近岸边约30米以内顺游、逆游均可，并注意观察来往船只，切忌埋头畅游。在陌生水域游泳更要格外小心谨慎，没有把握或情况不明时不能贸然下水。

（7）忌在大雾打雷时游泳

大雾容易使人迷失方向，在水中停留时间过长导致冻伤或昏厥，甚至出现危及生命等情况；打雷时，人在水中更容易被雷电击中，这一点必须引起高度重视。

（8）忌酒后下水

冬泳前后绝对不要喝酒，喝酒会加快皮肤的散热，使人容易受凉，加重心脏的负担，而且神志也会受影响，容易发生危险。

第六节　大学生运动技能的建立与管理

一、运动技能的建立

技能是人们利用知识和经验完成给定任务的行为或心理活动方式，技巧是技能的最高阶段。当人们对动作的成分以及时间、空间和力量特点有了清晰的运动直知觉时，这种技能就变成了技巧。

培养青少年的生存能力、生活水平和休闲娱乐活动是学习阶段的重要组成部分。体育不仅是培养生存技能的重要手段，也是青少年进入社会后参与娱乐活动的重要形式。体能包括敏感性、平衡性、协调性、速度、耐力、爆发力和其他要素，这些要素是参与各种运动的必要基础。从人类发展的需要来看，将促进身体健康的价值观与学生生存和享受生活所需的知识和技能相结合，符合时代的要求和现代社会的发展趋势。

（一）运动技能概述

运动技能，也称为动作技能，是通过某些肌肉和骨骼运动以及神经系统相应部分的活动获得的显性运动反应。运动技能不同于一般的随机动作，它的形成是个体通过反复练习逐渐在神经中枢—大脑皮层建立动态刻板印象的过程。它是一种后天习得的能力，能够有意识地按照一定的顺序和要求组织每一个动作，以完成一项任务。一个人的身体运动越有效、合理，他的运动能力水平就越高，运动就越精确、协调和稳定。

良好的身体素质使人们很容易完成高水平的技术动作，但这些素质并不是每个健康的人都具备的，还需要一个练习和掌握的过程。体适能中与竞技运动能力相关的参数包括敏感性、平衡性、协调性、爆发力、反应时间和速度。

（二）运动技能的特征

运动知识是人们在长期的体育发展中，通过反复的体育实践积累起来的认知结果，运动知识和运动技能密切相关。了解相关的运动知识是训练运动技能的关键，运动技能的结构越复杂，就越需要特定的运动知识来指导。因此运动技能是运动知识的应用，也是运动知识的物化或外化。体育知识是由技能介导的，运动知识和动作技能的发展速度并不相同。技能水平高的人有更多的程序性知识，他们的程序性知识更加普通和具体。运动技能有以下四个特点。

1. 后天获得的运动技能

只有那些学习到并能长期保持的运动活动才属于运动技能，一些简单或非随机的外显肌肉反应，如眨眼或摇头，不属于运动技能。它是一种动作活动方式，是知觉系统与运动系统密切协调的必要条件，因此常被称为知觉运动能力。

2. 运动技能在时空结构中是不变的

从运动技能的外部结构来看，它应该是一个由若干动作按一定顺序组织起来的动作系统。任何类型的运动技能都有一系列随时间变化的动作和特定的空间结构，且行动的顺序是不变的。例如，投篮的动作与最后一次持球、踢腿、转身的动作相同，动作的空间结构也具有稳定性。

3. 运动技能的应用主要从任务开始

人们对运动技能的使用是积极的，它主要是从当前任务开始的，即在执行任务的过程中展示一些运动技能。

4. 熟练度越高，动作技能越自动、越完善

运动技能从低级感知系统与运动系统的协调关系发展到高级协调关系，最终实现高度自动化和完善。运动技能越熟练，就越容易、灵活、完美地自动完成动作。例如篮球运动员的单手肩上投篮，随着能力的提高，投篮技术越完善，投篮率越高。

（三）运动技能的种类

运动技能的分类方法一般有三种：一是根据运动技能过程中对环境因素的依赖程度，将其分为封闭性运动技能和开放性运动技能；二是根据动作是否连贯，将其分为连贯性动作技能和不连贯动作技能；三是根据肌肉

参与程度的不同,将其分为小肌肉运动能力和大肌肉运动能力。

1. 连续技能和间断技能

连续技能指的是在一系列连续且不间断的运动中使用的技能,如跑步、走路、游泳、划船、骑自行车、滑冰等。与这些能力相关的行动持续时间通常较长,行动会定期完成,行动的过程会重复更多。不连续能力是指完成这一行动所需的时间相对较短,动作以非周期形式完成,各个环节之间没有重复,如标枪投掷、打击投掷、跳高、跳远、跳水、足球等。

2. 封闭能力和开放技能

当运动动作的完成主要依靠本体感受器输入的内部反馈信息时,这种能力被称为封闭能力,且通常有一个相当固定的移动模式,如体操、游泳、跳远、掷圆盘等。

运动技能的形成主要取决于周围环境提供的信息。当对周围环境的正确感知成为运动调节中的一个重要因素时,这种技能被称为开放技能,如篮球、排球、棒球等。开放式技能要求人们具备应对处理外界信息的能力和预测事件的能力。

3. 精细技能和粗放技能

当一种技能被限制在一个狭窄的空间内,需要精细的协调动作进行时,这种技能被称为精细技能。它通常由小肌肉的运动组成,如射击、射箭等。粗放动作技能需要大量肌肉群,通常需要全身肌肉的参与,如跑步、游泳、网球等。

二、大学生技能体适能的管理

动作技能是一系列动作的灵活和准确应用,表现在身体某些肌肉和骨骼的运动以及相应神经系统的活动中。只有运动达到一定的精度,具有时间性、协调性和稳定性,才能在生产实践和社会生活中发挥作用。

高校应加强攀岩、耐力跑、球类运动、跳跃和户外运动,培养大学生的耐力和独立解决问题的能力。让他们真正走进大自然,掌握一些关于自然灾害、生产事故、道路事故等的知识，学习一些救援方法和处理措施，学会适应恶劣环境，培养生存意识，将社会需求与个人发展、技能和心理健康知识有机结合，提高社会竞争力。

（一）运动技能的训练

体育动作技能是人通过反复练习，在神经中枢和大脑皮层逐渐建立动态刻板印象的过程。因此，学习运动技能必须有严谨的科学态度。将运动技能从低级感知系统与运动系统的协调关系发展到高级协调关系，最终掌握高度自动化和完善的能力。

运动技能的形成具有层次性和渐进性，从简单到复杂，从单一到系统，从低级到高级。其层次性表现突出且清晰。运动技能的形成受到许多因素的影响，如原始认知水平、情绪变化和周围环境。同样，运动技能一旦形成，将极大地提高人的观察能力，改变其思维方式。

锻炼会提高大脑皮层神经细胞的兴奋性、灵活性和耐久性，在遇到危险时，会有更大的生存机会。因此，运动技能是人的全面素质的重要组成部分。

（二）常见运动损伤及防治

锻炼可以促进身体健康，预防和治疗疾病，也会带来意外伤害和运动疾病。因此，减少运动损伤不仅是运动员训练的理想状态，也是普通人的最低训练要求，因为运动的目的是健康，而不是损伤。这就需要科学合理的运动，了解导致运动损伤的原因，掌握常见运动损伤的预防和康复的方法。运动损伤的种类很多，运动员通常有大量的轻伤和慢性损伤，以及少量的严重和急性损伤。

1. 运动损伤的原因

（1）思想准备不足

对预防运动损伤的重要性缺乏认识，运动中注意力不足、不耐烦、犹豫和过度紧张，以及缺乏预防措施，都容易导致运动损伤。

（2）准备工作不充分

适度的准备活动可以提高中枢神经系统的兴奋程度，改善各器官系统的活力，使人体从相对静止状态过渡到活跃状态。未进行准备活动、准备活动不足、准备活动不正确、准备活动时间和数量不足都会导致身体机能不在最佳状态，出现运动损伤。

（3）技术错误或缺陷

所有的运动都有自己的技术特点。如果技术违反了人体结构和功能的特点以及运动原理，那么很容易造成运动损伤，这是初学者和普通练习者学习新动作时受伤的主要原因。

（4）训练负荷过大

运动负荷超出了人所能承受的范围，特别是局部负荷过大时，容易因微小损伤的积累而造成运动损伤。

（5）身体和精神状态不佳

睡眠或休息不足、疾病、受伤、疲劳导致身体协调性、警觉性和注意力下降，容易因反应缓慢造成运动损伤。

（6）缺乏系统性、相关性的培训组织

在训练、比赛中不遵守比赛规则，或在训练中相互戏弄、粗暴行为和故意犯规也是造成受伤的重要原因。

（7）客观条件

过高的温度容易导致疲劳和中暑，过低的温度容易损伤肌肉韧带；高湿度容易导致大量出汗、肌肉痉挛或塌陷；光线不足和能见度低会影响视力，降低兴奋性和反应导致运动损伤。

2. 运动损伤的预防

（1）遵循循序渐进、系统化、有针对性的原则

对于不同性别、年龄的大学生，必须根据个体情况区别对待，如果接受相同数量和强度的运动，并且毫无区别地学习相同难度的动作，那么身体素质较差的学生将受到伤害。

（2）注重拉伸运动

拉伸运动是在运动前、运动中和运动后有针对性地拉伸肌肉和软组织，使紧张的肌肉或软组织完全放松的运动可以促进肌肉疲劳的恢复，防

止肌肉拉伤，保持肌肉弹性。运动前拉伸运动是为了降低肌肉和软组织的内部黏度，增加弹性，提高肌肉温度，防止在运动中肌肉拉伤。运动后的伸展运动主要是为了放松僵硬和疲劳的肌肉，减少肌肉疼痛，尽快恢复。

（3）学会在运动中自我保护

为了避免可能的损害，最好掌握各种自我保护的方法。可以学习各种侧翻动作，以缓冲与地面的冲击，并正确使用各种支撑带。

（4）加强对易伤部位和相对较弱部位的训练

加强对脆弱和相对薄弱部位的训练，提高身体机能，是预防运动损伤的积极手段。可以根据不同部位进行有针对性的培训。例如，为了预防膝关节损伤，应该主要加强股四头肌的力量训练，对膝关节周围的韧带进行静态阻力训练，以提高其协调性和对抗性平衡。

（5）注意小肌肉群的锻炼

人的肌肉分为大肌肉群和小肌肉群，小肌肉群一般起固定关节的作用。当你锻炼大肌肉群力量时，你往往会忽略小肌肉群受伤的可能性。因此应注意小肌肉群的锻炼，且小肌肉群的锻炼应与多个方向的运动相结合。

（6）注意身体中心稳定性训练

中心稳定性指骨盆和躯干的力量和稳定性。中心力和稳定性对于完成各种复杂动作至关重要。然而，传统的集中训练主要在固定的平面上进行（如经常练习的仰卧起坐等），效果不强，而中心力量练习应包括腹部屈曲和旋转。

（7）创造锻炼的安全环境

训练前要对体育器材、设备、场地等进行严格的检查，保证安全。

（三）常见的运动损伤处理

1. 肌肉、韧带拉伤

准备活动不充分，场所、气温、湿度不适合，训练内容的安排与个人练水平不匹配，柔韧性、力量、协调性差，疲劳、体力差等原因，会引起肌肉、韧带的拉伤。

肌肉的拉伤一般是在身体的疲劳和超过负担的强度的时候，肌肉或者韧带因活动过度受到损伤。拉伤部位出现肿胀和淤血，治疗方法是拉伤后立即停止运动，不要让受伤的关节背负重荷，进行冷敷、绷带加压包扎，抬高受伤部位，时时时时减轻疼痛。在48小时后恢复期，用热布促进血液循环，配合按摩加快恢复速度，在疼痛和红肿消失后开始恢复性训练，运动必须适度。

2. 擦伤

轻度擦伤的情况下，只要伤口干净，涂红药水或紫药水就可以自愈。有重度擦伤的情况下，先止血，再用冷敷法、抬高肢体法、加压绷带包扎法或点压止血法进行处理。

3. 脱臼、骨折

动作要轻，不能乱伸乱扭。可以先冷敷，扎上绷带，保持关节的固定不动，再请医生治疗。

4. 胫骨膜炎、关节炎、黏液囊炎

运动负荷过大，练习方法不当，使小腿肌肉发展不平衡，造成相应部位疲劳、酸疼，出现小腿骨膜炎、关节炎、黏液囊炎。

处理这些问题的方法是，选择缓冲的鞋子，修正缓冲动作，注意全面的训练。练习后放松、休息、按摩、热敷，或者做伸展运动来减轻疼痛。

5. 颈椎、腰部疲劳

错误的运动姿势会造成腰部和颈部肌肉的紧张和疲劳，造成慢性疼痛和行动不便。

因此，要学习正确的动作技术，不要急于求成，注意放松、休息、按摩。锻炼腰部、腹部和脖子的肌肉力量，有助于加强腰部肌肉和骨骼的健康。

6. 膝关节、肩关节损伤

膝关节、肩关节是人体运动时最容易受伤的大关节。应参照韧带拉伸伤的处理方法进行应急处理，并尽快请医生治疗。

膝关节两侧有左右两条韧带，膝关节中有前后两条交叉韧带和一个帮助运动的半月板。这些韧带和半月板都是膝盖关节损伤的受害者。

　　肩袖是指肩关节周围的小肌肉，这些小肌肉的主要作用是保持肩关节的稳定，是肩关节所有运动的基础。肩袖损伤后，肩膀的运动范围缩小，抬起手臂经常伴随疼痛。常见的原因是肌肉疲劳，长期过度使用肩关节也无法正确锻炼肩袖的肌肉。一般来说，慢慢控制的上臂的旋转动作有助于伸展和锻炼肩袖的肌肉。

　　7.康复训练

　　康复训练要建立在正确、全面的诊断基础上，以不加重损伤、不影响损伤的恢复为前提，全面、循序渐进地进行。通过适当的康复训练，可以预防肌肉萎缩和痉挛，保持良好的心肺功能，在恢复后可以马上投入到正常的运动训练中。同时，康复训练可以强化关节的稳定性，加速损伤的恢复。康复训练应根据年龄、损伤的不同选择适当的运动手段及运动量，康复运动的频率、持续时间、负荷量等也必须合理设计。

第四章　专项技能体适能教学训练

第一节　田径运动技术体适能训练

田径运动的形成与人类社会的发展有着千丝万缕的联系。很久以前，我们的祖先为了生存，必须要走相当远的距离，越过各种障碍，使用各种各样的工具。在劳动中重复的这些动作，形成了走路、跑步、跳跃、投掷等技能。随着社会的发展，人们有意识地把这些技能作为运动的形式，在劳动余暇作为娱乐活动。这些技能和最基本的动作不断地延续、发展，流传至今，形成了我们今天的田径项目。

一、径赛项目

（一）短跑

短跑起源于欧洲，最早被列入正式比赛的是在1850年牛津大学运动会上。后来奥运会设置了短跑100米、200米跑、400米跑的项目，其中包括男子项目在1896年的第一届奥运会上被列入了比赛项目。女子100米跑和200跑米于1928年被列入奥运会比赛项目，400米跑于1964年被列入奥运会比赛项目。

（二）中长距离跑

中长距离跑是中距离跑和长距离跑的简称。属800米以上距离的田径运动项目。

中长跑要求运动员在跑步时保持一定的速度，保持合理分配体力，保持身体重心平稳，节奏良好。

（三）接力跑

接力跑是田径运动中唯一的集体项目，以参赛队伍为单位，每队4人。其起源有各种各样的说法，有人说是源于古代奥运会祭祀仪式上的圣火传递，也有人说是和古埃及盛行的"木材搬运"和"水坛搬运"有关，也有说是从传递信件和文件的驿站演变而来的。

接力跑是历届奥运会田径比赛中径赛项目之一。1908年第4届奥运会首次设立接力项目。1912年的第5届奥运会改设4×100米接力跑和4×400米接力跑。女子4×100米接力赛于1928年被列入奥运会比赛项目。

（四）跨栏赛跑

跨栏赛跑是在奔跑的途中设置了固定数量、固定距离、固定高度跨栏的竞技项目。进行跨栏赛跑运动，可以培养勇敢、顽强的意志品质，并能有效促进速度、跳跃力、柔韧性和灵敏度等身体素质。

二、田赛项目

（一）跳高

跳高源于我们的祖先在生活和劳动中越过障碍的活动，跳高原本属于体操项目，后来被列入田赛项目。

跳高由助跑、跳跃、腾空过杆和落地四个部分组成，正式比赛一般采用背越式跳高。

1. 助跑

背越式跳高的助跑步数为8~12步前段跑直线，后段跑弧线直线段助跑和普通的加速跑相似。转入弧线助跑时，身体重心内倾，跑步动作类似曲线，前脚手掌沿着弧线着地，身体重心起伏不大，移动比较快，小腿不远，着地更积极，步行频率更快。最后一步比倒数第二步短10~15厘米，最后一步与横杆投影面连接约30。沿着斜角圆弧助跑时，人体的重心比直线行驶时位置低，所以没有必要像直线助跑那样在跳跃前专门降低身体的重心。

2.起跳

背越式跳高是用远离横杆的腿的起跳。起跳脚沿着弧线的切线方向踏上起跳点，先用脚跟着地，快速过渡到全脚掌着地。同时身体从倾斜开始垂直变化，摆动脚快速地向上排列，取出同一侧的髋，牵引骨盆的扭转。摇动脚应该在摇晃时弯曲脚，膝搭，同时踢开跳跃脚。在跳跃过程中，双臂必须积极配合脚的摇晃。双臂的摇晃一般有双臂交替和双臂同时向上摆动两种。无论采用什么样的摆动姿势，都要抬起肩膀摆动手臂，及时做出拉肩动作，做好身体站起来完成超杠杆动作的准备。

3.过杆落地

因为跳跃过程中骨盆已经转动，所以跳跃后身体会转为背对杠杆，摆动腿膝关节自然下放，头和肩先过杆，髋部充分展开，身体是"桥"形，背和横杆呈交叉状态。当臀部越过横杆时，最大限度地挺起髋部，臀部过杆后，马上收腹，最后肩膀和背一起落在海绵垫上。

（二）跳远

跳远源于人类在猎捕野兽或逃跑时越过河沟等活动，后来成为军事锻炼的方法，在公元前708年的古代奥运会上成了5个全能项目之一。

1.跳远动作

跳远的完整动作包括助跑、起跳、腾空、落地四个步骤。

（1）助跑

助跑是为了获得高水平速度，为起跳创造条件。开始助跑时，身体会前倾。脚着地快而有力，着地点接近身体重心的投影点，摆动腿积极向前摆动，双臂前后用力摆动，在助跑中段时，身体前倾减少，上、下肢晃动幅度增大，脚着地点从身体重心的投影点距离增大。最后几步助跑应保持大幅度，并且速度应是助跑阶段的最高速度，此时上身基本处于正直状态。倒数第二步的话，身体的重心会稍稍下降，做好充分的跳跃准备。最后一步，因为加快了起跳脚的放脚速度，所以比倒数第二步的步幅稍微短一点，身体的重心上升，进入了起跳阶段。

（2）起跳

跳跃在高速助跑条件下进行。跳跃脚着地时要用大腿带动小腿急速往下压，产生积极的"扒地"动作，同时，为了减少跳跃脚着地时对人体产生的巨大阻力，尽量保持助跑时的前进速度，跳跃脚着地膝盖弯曲，脚踝弯曲（脚掌弯曲），身体迅速向前移动。当体重心向前移动到超过支撑点时，立即迅速、强有力地进行踢伸展动作，上身上升，摆动脚的大腿积极地向上摆动到水平位置，脚自然下垂，完成跳跃动作。

（3）腾空

跳跃结束后，进入了腾空的阶段。腾空后摆动脚抬高，小腿放松下垂，成为"跨步"的姿势，称为"腾空步"。"腾空步"后的空中动作一般有三种：蹲踞式、挺身式和走步式。这里主要介绍挺身式和走步式。

挺身式：起跳后，保持"腾空步"的姿势，然后送髋，并下放摆动脚，与向后跳的脚贴在一起。挥着脚放下，双臂同时向下，向后，或者两侧，后面，抬起头，抬起胸来送髋，形成展体挺身的姿势。身体的重心超过最高点的话，收腹开始抬起脚，双臂开始向前、下、向后摇晃。着地前让上体前倾，把小腿向前伸展，准备着地。

走步式：步行式分为两步半和三步半两种，跳跃完成"腾空"动作后，摆动脚开始将髋向后摆动，同时伸展髋，跳跃脚弯曲膝盖向前摆动，完成空中自然的步进交换动作。两臂配合脚的动作，围成大圆圈摆动。改变步骤后，摇动脚从弯曲一直向后移动，跳跃脚从直弯开始弯曲，大小的脚被折叠后向前摆动。在空中改变步骤进行落地动作，被称为两步半步式。在空中进行两次换步后落地动作叫做三步半步式。

（4）落地

着地技术中包含着地时两脚弯曲膝盖的姿势，做这个动作的时候必须自觉地将大腿靠近胸口。即将落地时，膝关节急速伸直，小腿向前伸直，脚尖拉扯，脚后跟先接触砂面，同时双臂向后晃动。着地后立即弯曲膝盖，将骨头向前移动，双臂弯曲肘部积极向前摆动，使身体迅速从支撑点移动。为了避免着地，身体坐在后面，脚后跟着地后，前脚的手掌向下按，膝盖弯曲，跪在前面，身体向前或侧倒。

（三）三级跳远

三级跳远由助跑开始，沿直线连续进行三次水平跳跃的运动。为单脚跳跃，第二跳为跨步跳跃，第三条为跳跃。

1. 助跑

三级跳远的助跑与跳远的助跑基本相似，一般是18~22步，距离约30~40米。最后几步的助跑步幅更均匀，身体重心向前移动，起跳脚的着地点更接近身体重心的投影点。

2. 第一跳（单脚跳）

三级跳的第一跳是用强有力的脚起跳，在水平速度高的情况下进行的。在跳跃前最后的助跑中，跳跃脚要比短距离跑时稍微低一些，步幅适当缩小。跳跃时，上身保持正直，着地后立即弯曲膝盖。

随着身体快速向前移动，跳跃腿开始及时爆发式踢。膝盖、脚踝三关节充分伸展，同时利用腿部和手臂摆动的速度、大幅摆动的力量，快速向上伸展身体。

离开地面后，保持在空中滞留的姿势，然后摆动腿自然放松地落下，腾起的腿折叠收在前面，然后摆动腿向后摆动，腾起的腿弯曲膝盖抬起到前面，小腿自然下垂。

3. 第二跳（跨步跑）

第一跳结束后，进入了第二跳的跳跃阶段。挥杆腿和双臂积极快速向前摆动，并在跳跃腿的动作下完成第二跳的跳跃动作。第二跳起跳时，上身稍微前倾，将抬起的大腿向下压，着地时保持身体重心较高的部位。

起跳腿着地时立即弯曲膝盖，弯曲脚踝，使身体的重心迅速向前移动，起跳腿迅速地踢上去。

第二跳空后，要求保持长时间跨步姿势，在跨步过程中，摆动腿的大腿继续向上抬起，跳跃腿自然弯曲，此时上身保持有点倾斜的姿势。这一系列动作为第三跳的着地创造了条件。

4. 第三跳（跳跃）

第二次跳跃腾空阶段已经为第三次跳跃做好准备，当身体重心下沉时，用大腿牵引大腿向下压。落地后，膝盖弯曲，脚踝弯曲，身体的重心急速向前移动。

支撑腿经过短的后退缓冲后，身体的重心接近支撑垂直部位，因此会急速踢出去。另一条腿弯曲膝盖积极向上摇晃，双手同时向上摆动。跳跃后保持停在空中的姿势。可以采用挺身式、走步式等方法落地。

（四）掷铁饼

1. 握法

五指自然分开，拇指和手掌平靠铁饼，其余四指扣住铁饼的边缘，拿着铁饼的手臂自然垂向身体一侧，手腕微微弯曲，铁饼的上缘靠近前臂，铁饼的重心在食指和中指之间。

2. 预摆

双脚分开左右站立在投掷圈的中线两侧，和肩同宽。预摆的方法通常有以下两种。

（1）左上右后摆饼法：开始时，持饼臂在身体侧（或身体前侧）前后小幅度摆动，将铁饼摆到体后时，重心移动到右脚，之后，用身体将持饼臂臂移动到左上，同时重心移动到左脚，上身稍微向左扭转，回摆时，身体的重心移动到右脚上，上体稍微前倾，左臂自然向胸部弯曲。

（2）身体前后摆饼法：铁饼摆回体前左方时，与左肩平，拿着铁饼翻转手掌，手掌朝上，右肩稍低。铁饼摆在右后方的时，高度和肩膀持平。

3. 旋转

旋转的目的是获得力量，动作形式是从投掷圈的后缘向后旋转移动到投掷圈的前缘。动作过程是双脚支撑—单脚支撑—腾空—单脚支撑—双腿支撑—双腿支撑。摆动结束后，右脚踏地（以右手投掷为例），身体重心由右脚向左脚转移，同时左脚逐渐弯曲，以前脚掌为轴向左旋转，身体重心逐渐向左移动，左臂稍微向内旋转自然向前伸展。此时左侧骨骼比右侧髋略低，以左侧为轴的旋转。此时，右脚自然弯曲，在左脚周围形成弧形，大幅度地向投掷方向摆动，此时身体仍是以左侧为轴旋转，此时身体在旋转中向投掷方向移动，右脚的前脚脚掌着地后继续旋转，右臂在胸前拿着铁饼稍微弯曲，随着身体以右侧为轴旋转。左脚弯曲膝盖靠近右膝盖，形成强有力的单脚支撑。这时重心落在右脚弯曲的地方髋轴越过肩轴，手腕和铁饼在身体后方，左臂微微弯曲。

4. 最后用力

从左脚着地时开始最后用力。左脚着地时，右脚在以前的脚掌持续旋转在此基础上，头向左抬起，左肩、左腕向投掷方向牵引，上身以左侧为轴，身体重心逐渐向左脚移动持饼臂，以最大半径、最大弧度快速向前摆动。此时左脚用力踏伸，铁饼离开手的瞬间，从小指到食指依次用力使铁饼顺时针旋转向前飞。

铁饼离手后，为了缓解向前的冲击力，避免犯规，扔完后马上换脚，随着身体向左拐的惯性旋转，可以降低身体的重心，保持身体平衡。

（五）推铅球

推铅球的技术分为握球和持球、预备姿势、滑步、最后用力、保持身体平衡五个部分。

1. 握球和持球

握球的方法是，将五指自然分开，将铅球放在食指、中指、无名指的根部，大拇指和小指支撑球的两侧。握住球后，将球放在肩膀锁骨窝上，铅球紧贴着脖子，举起肘部的关节，自然地比肩稍微低一点，使投出的手臂放松。

2. 预备姿势

推铅球的预备姿势有高姿势和低姿势两种，多采用高姿势。上身老实放松，左臂自然抬起，重心放在右脚上。

3. 滑步

滑步时，先将身体的重心向投掷方向移动，左脚向投掷方向排列，使膝盖关节和髋关节伸展，同时右脚用力伸展，身体向投掷方向移动。右脚的踢和左脚的摇晃结束后，迅速拉右脚滑步。滑步动作完成后，右膝盖弯曲，上身向与投掷方向相反的方向倾斜，重心落在弯曲的右脚上，形成良好的投掷姿势。

4. 最后用力

滑步结束时，左脚到达地面后，右脚用力踢，右髋向投掷方向旋转，同时上身逐渐抬起，左臂从身体前向投掷方向摇摆。不断地踩右脚，将身体的重心向左移动。当身体左侧移动到与地面垂直的部位时，左肩和左臂立即刹车，上身向投掷的方向急速旋转，右臂快速笔直地做推动铅球的动作。

5. 保持平衡

推铅球伸出手后，应立即更换左、右脚的位置，弯曲膝盖，降低身体重心，保持身体的平衡。

（六）掷标枪

标枪投掷技术是把握枪、持枪、助跑、最后用力和投掷标枪来维持身体平衡的4个部分，以右手掷标枪为例。

1. 握枪

握枪方法有现代式和普通式两种，现在多采用现代式握枪方法。

1现代式握法：将枪斜放在手掌上，用大拇指和中指握住围绳把手的末端边缘，食指自然弯曲在上，无名指和小指握在围绳上。

2普通式握法：将枪斜放在手掌上，用大拇指和食指握在绳子把手的末端边缘，剩下的手指依次握在绳子把手上。

2. 持枪

持枪方法：弯曲手臂将枪举到肩上，上臂和前臂的夹角约90º，肘部关节稍微向外突出，枪略高于头部，枪头比枪尾稍低。

3. 助跑

助跑包括预先助跑和投掷步两个阶段。通常在助跑距离内设置两个标志点，第一标志点是助跑的开始点，第二标志点是投掷步的开始点。从第一标识点到第二标识点为止停留在预跑阶段距离，长度约15~20米，跑8~12步。从第2个标记点到投掷步骤的最后一步为止，左脚着地的距离是投掷步骤的阶段距离，长度约7米~10米，4~6步完成。

第一步：左脚踏上第二标志点，右脚向前迈出。同时，右肩向右转后开始拔枪，枪靠近左肩，左臂自然地摆在胸前，目视前方。

第二步：右脚着地后，左脚向前，同时右脚踏地，上身右转，右肩继续后退拉枪，左臂自然排列在身体左侧。随着左脚着地，身体向左侧的投掷方向旋转，右手伸直，完成拉枪动作。此时，枪和前臂的夹角很小，接近脸颊。

第三步（交叉步）：第二步左脚着地，右脚自然弯曲膝盖，用大腿带动小腿，形成左脚和交叉姿势，同时左臂自然地摆在胸前。接着左脚从地面上踢开，人体处于低空阶段，右脚和投掷方向呈45°角。

第四步：第三步右脚着地后，右脚急速弯曲膝盖缓冲，身体重心向前移动，推动髋部向投掷方向旋转，脚内侧先着地，完成强力的制动支持。

4. 最后用力

在右脚着地后，身体的重心超过支撑点向前移动，用左脚着地的刹车和支撑，形成了从左脚到左肩的支撑轴。右胸前挺使投出的手臂向上移动，前臂和手腕向上翻转，成为"满弓"的姿势。

"满弓"的姿势形成后，要快速完成前臂和手腕的投枪动作。

5. 标枪出手后保持平衡

为了防止人体因惯性作用向前持续运动而造成的犯规，标枪离手后，右脚应立即向前迈出一步，上身向前倾斜，弯曲膝盖，降低身体重心，保持身体平衡。

第二节　篮球运动技术体适能训练

篮球运动已经成为促进学生德、智、体、美全面发展的体育运动项目。经常参加篮球运动，可以改善中枢神经系统的功能，使运动分析器、前庭分析器、视觉分析器受到良好的训练，有利于促进学生的动作协调性，提高观察、判断和反应能力，加强器官系统的功能。紧张的篮球比赛，还可以培养学生的积极、果敢、顽强意志的品质和团队精神。

一、篮球技术

根据篮球比赛中攻守对抗法则，篮球技术可分为进攻技术和防守技术。攻击技术有传接球、投篮、运球、带球突破；防守的技术有防守对手、抢球、打球、断球等。

（一）进攻移动

进攻移动是篮球运动员在进攻中为了取得有利位置、方向、速度和高度、空间而采用的各种步法的总称。

（二）攻击移动技术的练习方法

1. 起动和跑步的练习

①基本的站立姿势是通过信号来练习的。

②各种各样的状况和状态（蹲着，坐着，奔跑、跳跃等）听到信号，开始朝不同的方向跑的练习。

③自己或同伴抛球，为了不让球着地而接球。

2. 急停练习

①慢跑2、3步后，跳步。

②以稍快的节奏跑3、5步，然后跨步急停和跳步急停。

3. 转身和跨步练习

①基本站立姿势，分别以左、右足为轴踏步，进行前、后转身90018002700的练习。

②慢跑时紧急停止，向左或向右，以及前后旋转后开始快跑。

③分别以左、右为轴，进行前、后滚翻的练习。

4. 跳跃练习

①在现场听信号，进行跳跃练习。

②转身、紧急停止等动作练习跳跃动作。

二、传、接球

传球、接球是在篮球比赛中，进攻选手之间把球移动到目的地的方法。这是队员在球场上相互联系，组织攻击战术的重要保障，也是实现战术合作的具体手段。巧妙地利用球的移动来进行防守，使对方的防守混乱，创造好的攻击机会。

（一）路径捕捉技术的动作方法

1. 传球

（1）两手胸前传球

动作方法：用双手将球夹在胸前和腹部之间，两肘自然弯曲，眼睛平视传球目标。传球时后脚发力，身体重心向前移动，双臂向前伸直，双手臂随着它内旋，大拇指用力向下推，中指用力旋转球并传球，在球离手后，双手向下略翻。

（2）单手肩上传球

动作方法：用双手将球放在胸前，双脚平行站立，用右手传球时，左脚向传球方向迈出半步，重心落在右脚上。传球时，转动身体，带动上臂，手腕向前屈，食指、中指、无名指用力旋转球并传球。

（3）单手体侧传球

动作方法：两脚张开，两手在胸前拿着球。用右手传球时，左脚向前跨，同时将球拉到身体右侧，用右手拿球，在出球之前的一瞬间，手腕向后屈。传球时，前臂呈弧形摆动，手腕向前弯曲。

2. 接球

（1）用双手接住中位的球

动作方法：两只眼睛盯着球，用双手接球，两手的手指自然张开，两拇指呈八字形，其他手指向前伸，双手呈半圆形。用双手握住球，双臂弯曲缓冲球的力量，成为基本的站立姿势。

（2）用双手接住高处的球

动作方法：接球方法和用双手接住中位高度的球是一样的，但是双臂必须向前迎接球。

（二）传球、投接球的练习方法

1. 习惯球类练习

①用两只手的手指手腕连续弹回球（手指弹跳，手腕弹跳）。两手拿着球，手臂伸向身体前面，让球在两手之间快速移动。两手之间保持一定的距离，练习时的节奏可以从快到慢，不改变球和双臂的高度（从上到头，从下到脚）反复练习。

②用双手将球投向胸膛。双脚左右张开，双手将球抛向空中，在胸前和后面接受球。熟练后，可以跳接球或接不同方向的篮板球。

③在身体周围交换球。两脚张开，双手把球拿到肚子前。两手交替将球围在腰上、脚上、脚腕上，反复练习。

2. 传球、投接球练习

①2人1组，空手模仿各种各样的投接球练习。

②两个人面对面站着，练习各种传球和投接球。

3. 移动投接球练习

①两个人面对面站着，一个人当场，另一个人左右，前后移动传球，练习接球。

②三角形移动投接球。

③在四角形移动投接球。

三、运球

持球选手在现场移动，用手连续拍击球，借在地面弹回的球在原地移动，连续拍打球关前进的技术被称为运球。

运球是篮球的重要进攻技术，是个人创造传球、突破、投篮得机会分的重要攻击手段，也是攻击队员发动速攻，组织全队攻击合作的纽带，是瓦解防守阵型的重要手段。

（一）运球技术的操作方法

1. 高运球

动作方法：双脚前后站立，双膝微屈，上身稍前倾，目视前方。运球的手臂自然弯曲，以肘关节为轴，球的落点在身体前方，球的反弹高度在腰、胸之间。

2. 低运球

动作方法：两腿弯曲，重心下降，上体前倾。同时，球的反弹高度在膝盖关节下。

3. 运球急停

动作方法：当运球急停时，利用跨步急停的动作，成为暂时在原地运球。行动时，身体重心前移，推动球前进。

4. 体前换手变向运球

动作方法：带球运动员从对方右侧突破时，先将球移到对方左侧，当对方移动到左侧时，突然改变方向，右脚跨到左侧前方，用肩、脚、上身挡住对方然后从对方的右侧运球超过对方。换手时球要低，动作要快。

5. 体前不换手变向运球

动作方法：将球从身体的右侧旋转到身体前面的中间位置，防守员的重心向右侧移动时，让球突然回到右侧，左脚向右侧迈出，从防守中摆脱出来，继续运球。

6. 运球转身

动作方法：以右手运球为例，变方向时左脚前跨一步，右手拍球的右侧前方，先将球拉向身体后侧，然后用左手运球，从对方右侧突破。

7. 背后运球

动作方法：以右手运球为例，改变方向时，用右手控制球，拍球的右侧上方，使球到达左脚侧前方，并立即用左手运球，右脚快速地向左跨步，用左手运球突破对方。

（二）运球的练习方法

1. 原地运球

①原地高低运球，左右手交替。

②原地体前左、右手运球。运球的人两脚张开，与肩膀同宽。用右手运球，按拍球的右上角，把球向左弹，左手按拍球的左上角，把球向右弹，反复练习。

③原地身体前后推拉运球。运球的人两脚前后站立，运球的人推拍球的后上方，把球向前弹出。运球的人迅速按拍球的前面上方弹回。熟练后，可以加大动作幅度，反复练习。

2. 行进间运球

①全场直线高、低运球练习。

②沿罚球圈，中心圈作弧线运球到对面的底线，再沿着边线运回球。

③全场运球急停急起练习。

四、投篮

投篮是运动员将球投入篮球中所采用的各种动作方法的总称。投篮是篮球最重要的进攻技术，是比赛中唯一的得分手段。篮球比赛中进攻队员运用各种技术，都是为了创造机会投篮得分。防守队员积极防御是为了阻止对方投篮得分。因此，投篮的时机成为篮球对抗的中心，成为攻守双方争夺的焦点。投篮动作的种类和方法很多，根据投篮方法分为单手投篮和双手投篮两种，使用这两种手法可以在现场和移动中完成。

（一）投篮技术的动作方法

1. 单手从肩上投篮

动作方法：以右手为例，右手五个手指自然分开，手掌中空，用大拇指和小指控制球体，左手支撑球的左侧，弯曲肘部，肘关节自然下垂，把球放在右肩前面，目视篮球。双脚左右或前后站立，双膝微屈。投篮时，下肢用力，右臂伸直，手腕向前屈，通过手指顶端抛球，出手的瞬间，身体随着投篮动作向上伸，脚后跟稍微抬起。

2. 两手在胸前投篮

动作方法：用双手将球抱在胸前，肘关节自然下垂，双脚左右或前后站立，双膝微屈，重心落在双腿之间，目视瞄准点。投篮时，双臂向前伸出，同时双臂内旋，大拇指下压，手腕向前弯曲，中指用力打球，通过手指顶端投出球。球离手后，两只手掌自然向下翻，脚后跟抬起。

3. 单手投篮

动作方法：以右手投篮为例，右脚向前迈出一步的同时接球，然后迅速跳跃，两手向右肩前上方抬起，上身向后仰，跳到最高点时，右臂向前上方伸展，手腕前伸，用食指和中指用力甩球，通过手指顶端打球。球离手后，手掌朝下，球向后旋转。

4. 单手低手投篮

动作方法：以右手投篮为例，步法与单手投篮基本相同。但是，接到球后，第二步继续加速，向上跳跃，空转时间必须缩短。用右手将球拉到右肩的前上方，手掌朝上，五指向前自然分开，将球的下部托付给对方。投篮时，借用身体上升的惯性，手臂向前伸，是胳膊、选择手指的动作，吃球，从中指端向前软抛。球伸出手向前旋转。

5. 跳跃单手投篮

动作方法：以右手投篮为例，用双手将球放在胸前，双脚左右或前后站立，轻轻弯曲双膝，将重心放在双脚之间。跳跃时，双手把球举到右肩上方，右手拿球，左手支撑球的左侧，身体接近最高点时，手腕向前屈，中指用力打球，通过手指顶端投掷球。

6. 接球后突然跳起投篮

动作方法：在移动中紧急停止，膝盖轻微弯曲，重心下降，突然向上跳跃，同时将球抬起，身体达到最高点时，前臂向前伸展，手腕向前弯曲，用食、中指用力旋转球，通过指端投掷球。

7. 带球跳投

动作方法：快速运球时，膝盖轻微弯曲，重心在两脚之间急速移动，向上跳跃，同时用双手举起球，身体接近最高点，右手向前方伸展，手腕向前屈。用中指用力旋转球，通过手指的边缘投掷球。

（二）投篮的练习方法

1. 模仿投篮

①徒手练习：原地做各种投篮的模仿练习。重点体会投篮的手法和用力过程。

②持球练习：两人相距3米~4米，相互对投，体会原地投篮和跳起投篮的手法及身体各环节的协调配合。

③行进间投篮模仿练习：在全场范围跑动中做跨步起跳、伸臂和腕部动作，可结合口令练习。

2. 原地投篮

①正面定点投篮。在罚球线附近面对球篮自投自抢，依次练习。

②不同角度投篮。面对球篮站好，进行原地投篮。

3. 行进间投篮

①半场、全场行进间运球投篮练习。

②半场行进间传、接球投篮练习。

五、持球突破

持球突破是运动员结合步伐动作和运球技术等，快速超越对手直的重要手段，持球突破可以扰乱对方的防守，为同伴创造更多的投篮机会。持球突破一般分为交叉步突破和同侧步突破两种。

（一）拿球突破技术的动作方法

1. 交叉步突破

动作方法：以右脚为中枢脚为例。突破时，左脚向前迈出半步，做出向左突破的假动作，当对方重心向右移动时，向对方左侧迈出一大步，同时上身右转，接近对方。球向右手移动，加速越过对手。

2. 同侧步持球突破

动作方法：以左脚为中枢脚为例。突破时，左脚内侧踏地，右脚迅速向对方左侧迈出一步，重心向前移动，球移动到右手同时将球推到右脚的斜前方，加速超过对方。

（二）持球突破的练习方法

1.无防守情况下的练习

①原地持球做持球突破的各种脚步动作的模仿练习。

②每人一球，利用假动作做交叉步、同侧步突破的脚步动作练习。主要体会几个技术环节的衔接和连贯动作。

③行进间自抛自接，接球后做交叉步、同侧步突破练习。

2.有防守情况下的练习

①在防守情况下，三人连续突破练习。

②接球急停和上篮练习。

六、防守技术

防守技术是队员在防守时，为了阻挠和破坏对手的进攻，达到夺取反攻机会的目的所采用的各种专门动作方法的总称。

（一）防守移动

防守移动是篮球防守技术的基础，是为了抢占有利的位置，防止对手摆脱或者是及时、果断地抢球、打球、断球及抢篮板球等。

1.防守移动的动作方法

（1）滑步

①侧滑步

动作方法：两脚平行站立，两膝较深弯曲，上体略前倾，两臂侧伸。向左侧滑步时，左脚向左迈出的同时，右脚蹬地滑动，向左脚靠近，两脚保持一定距离，左脚继续跨出。

②前滑步

动作方法：两脚前后站立，前脚向前迈出一步，着地的同时，后脚紧随着向前滑动，保持前后开立姿势，注意屈膝降低重心。

③后滑步

动作方法：后滑步动作方法与侧滑步相同，只是向后滑步移动。

（2）后撤步

动作方法：后撤时，用前脚掌内侧蹬地，同时后脚的前脚掌碾地，后撤前脚，保持防守姿势和位置。后撤角度不宜过大，动作要迅速，身体不要起伏。

（3）攻击步

动作方法：攻击时，后脚要猛力蹬地，前脚迅速向前跨出接近对手。落地时，重心偏在前脚上，做干扰和抢截性防守动作。

（4）绕步

绕前步（以从右侧前防守为例）：右脚向右斜前方跨出半步，左脚迅速蹬地绕过对手向左跨出或跃出，两臂要根据防守的需要做相应的动作（阻挠、伸展、挥摆）。

绕后步：绕后步多用于恢复、调整防守位置时。绕后步的动作方法与绕前步相同，只是向后方跨步绕过。

（5）碎步

动作方法：碎步移动时，两脚平行开立，两膝保持弯曲，以脚前掌蹬地，用小而快的步法向左、右、前、后移动，如同滑跳一样，以阻挠进攻队员行动。如向右滑时，右脚借助蹬地力量向右滑动半步，左脚紧跟向右滑动半步，保持平步防守。

2.防守移动的练习方法

①听或看手势做向左、向右、向前、向后滑步练习。

②按规定路线或设置障碍物做滑步和围绕障碍物做向前或向后的绕步。

（二）抢、打、断球

抢、打、断球是攻击性强的防守技术，是防守战术的基础。防守时，不仅要阻挠、阻碍对方传球、运球、投篮，还要努力在对方投篮前抢球。大胆、果敢、准确地运用抢、打、断球技术，不仅能破坏对方的攻击，还能激发全队士气，为反击创造有利的战机。

1.抢、打、断球的动作方法

（1）抢球

动作方法：攻击人员刚停止运球、接球、抢篮板球落地时，防守人员就在那个时候抢了球。抢球时，利用手指控制球。身体扭转的同时，迅速将手臂收回腰腹部。

（2）打球

①打持球队员手中的球

动作方法：打球的时候，一般逆向迎击，可以用逆方向的力量加大球的力量。打球的时候多用手指、手掌打。

②打运球队员手中的球

动作方法：以右手运球为例，运球人向前时，防守人员用左脚滑到抢占位置，同时在球从地面弹出的瞬间，突然用左手，以较短的力量从侧面击球，并及时向前抢球。

（3）断球

①横断球：从侧面跑出取得攻击队的传球。

动作方法：断球时，重心急速向断球方向移动，用双手或一只手截取球。

②纵断球：从后方或侧后方突然跑出，接住攻击队的传球。

动作方法：断球时，右脚首先向前跨第一步，然后绕到对方前面，同时重心向前移动，抓住球。

2.抢、打、断球的练习方法

①原地抢球、打球练习：两人一组，持球队员在原地运球，防守者体会抢、打、断球的动作要领。

②两人原地固定传球，两人在侧后或后面练习断球。体会横断球和纵断球的步法和手臂动作。

③全场往返断球反击练习。

（三）防守有球队员

球是攻守双方争夺的焦点，有球的运动员可以直接投篮得分、突破和传球,所以带球的运动员总是最有威胁的,为了有效地阻止对方的进攻,对方接球防守人员要及时调整与对方的位置和距离,尽力阻止其投篮,阻止其运球突破,封锁其辅助路径,并积极抢球、打球、断球取得控制权。

1. 保护带球选手的动作方法

①防止投篮:如果对方在距离投篮6米的范围内接球,可以直接投篮。防守人员站在对方和篮球之间,可以采用斜防,保持距离。当对方举起球准备投篮时,防守人员必须随之抬起向前伸直的手臂,手掌对着球。当对方投篮时,防守人员立即跳跃,伸长手臂,干扰其出球弧度,并争取"盖帽"。

②防止突破:要防止对方拿着球突破,必须根据对方的习惯、技术特征采取相应的对策。在对方以左脚为中枢脚,以交叉步从防守者的右侧突破的情况下,防守者可以稍微偏向对方的左侧,用右脚挡住对方防守的左脚侧。

③防止运球:当对方开始运球时,防守者必须将视线集中在对方运球的手和球上,先快速朝着运球的方向移动,阻止对方从中路运球。

④防止传球:根据其位置和视线,判断其路径。可以接近对手,挥动手臂封住传球路径。后退协助同伴的防守,使处于有利位置的攻击者不能顺利传球。

2. 防守有球队员的练习方法

①全场一攻一守练习:进攻队员运球突破,防守队员运用各种防守手段,保持有利的防守位置,伺机抢球。

②防中投练习:两人一投一防,进攻者离开篮球6米站着,防守者将球传给攻击者后,马上进行防守,进攻者可以配合投切动作,当场投篮。

(四)防守无球队员

在一场比赛中,防守球员是指大部分时间没有带球的防守球员。在大多数情况下,没有球的球员的移动是进攻配合的关键。防守无球球员时,始终坚持"球—我—他"的位置选择原则,即防守球员的位置始终在对手和球之间,与球和对手形成钝角三角形,防守球员始终处于钝角。防守球员和对手之间的距离应与对手到球的距离成正比。

2. 可能出现的错误和纠正方法

（1）易犯错误

视野小，所以不能同时考虑人和球；防守姿势高，重心不稳，动作缓慢，双脚动作混乱；手臂动作不当或手臂动作紧张僵硬，缺乏断球意识。

（2）校正方法

检查并纠正防守姿势和位置选择角度，练习有助于扩大视野的基本技能；重复短程防守动作，改变步法练习。

七、抢篮板球

在比赛中，双方的球员都在争夺篮板球。当进攻队投篮失败时，球员争夺球，成为进攻篮板球或前场篮板球。当另一支球队投篮失败时，防守球员会争夺空间，成为防守篮板球或后场篮板球。

（一）抢篮板球的动作方法

1. 抢进攻篮板球

当队员或自己投篮时，篮下的进攻球员应该判断球的反弹方向，通过虚晃的身体动作，吸引身体前方的防守球员，抓住有利位置，或助跑起跳，跳到最高点，补篮或抢篮板球。当球落地时，手臂弯曲，重心放在两脚之间，将球持于胸部和腹部之间。

2. 抢防守篮板球

保持正确的站立姿势，即弯曲手臂，稍微向前倾斜上身，将重量放在两脚之间，弯曲肘部，以占据较大的区域。对方投篮时，应注意其的动向，根据当时的位置和距离，利用上步、后退步和转身抢占有利位置，以阻挡身后的进攻球员，判断球的落地点，同时准备起跳。起跳时，用前脚脚底踩地，向球方向伸展双手。

（二）抢篮板球的练习方法

① 徒手做原地双脚起跳，模仿单、双手抢篮板球动作的练习。

②向头上自抛球后起跳，用双手或单手做空中抢球练习。

③用双手或单手在空中抢自己抛向篮板或墙上反弹回来的球。

④一对一抢篮板球。固定一人在篮圈一侧投球，进攻队员和防守队员争抢攻守篮板球。

第三节 足球运动技术体适能训练

足球技术是足球运动员在比赛中使用的运动方法的总称，它是在竞争实践过程中逐渐形成、发展和完善的。足球技能包括：踢球、接球、头球、运球和抢截球、假动作、掷界外球、守门员技能等。

一、踢球

踢球是指运动员用脚的某一部位把球击向预定的目标，以达到传球配合或射门的目的。踢球动作技术过程可分为：助跑、支撑脚站位、踢球腿的摆动、脚触球、踢球后的随前动作。踢球主要方法有：脚内侧踢球、脚背正面踢球、脚背内侧踢球、脚背外侧踢球，还可用脚尖和脚跟踢球。

（一）脚内侧踢球

其动作特点是接触面积大，操控性强，击球稳定精准。这是短程传球和射门常用的脚法。

动作方法：直线跑动，双脚支撑在距离球侧约10厘米的地方，脚趾指向球的方向，膝盖微微弯曲。踢球脚内侧朝向球的方向，脚趾略微倾斜，小腿快速向前摆动，脚踝收紧，用脚内侧踢球的后部中间。

（二）脚背正面踢球

其动作特点是摆动腿动作流畅，易用力，但球的路线或表现缺乏变化，适合长距离发球和强射。

行动方法：直线跑动，最后一步稍大一些，将支撑脚放在球的一侧，大约10厘米～12厘米处。脚趾朝向球的方向。膝关节轻微弯曲。同时，踢腿向后摆动，膝盖弯曲。支撑脚着地时，以大腿和脊柱关节为轴，小腿加速向前摆动，脚背伸直，脚趾轻微外展，用脚的前部踢球中间的后部。踢球后，身体和踢球腿继续随着球前进。

（三）脚背内侧踢球

其动作特点是踢腿流畅，射程大，触脚面积大，出球稳而有力，表现和线条变化丰富。它是中长距离射门和传球的重要方法。

动作方法：斜线助跑，助跑方向和球的方向约为45°角，最后一步稍大，支撑脚沿脚底外缘正着地，支撑脚尖指向球的方向，在球内侧约20厘米～30厘米处，膝关节略微弯曲。身体稍微向支撑脚一侧倾斜。当支撑脚接触地面时，踢腿以髋关节为轴，大腿推动小腿向后摆动。当身体沿着球的方向旋转时，膝盖摆动到接近球的内侧上方。此时，小腿加速向前摆动，脚尖略微向外旋转，脚伸直，脚趾紧绷，指向斜下方，以脚背内侧踢球的后中底部。

（四）脚背外侧踢球

其特点是摆动前动作小，出脚快。可以利用膝关节和踝关节的灵活变化来改变球的方向和性质，是一种实用性很强的技术媒介。

动作方法：在脚外侧踢球的动作方法与在脚前部踢球的动作方法相似，不同之处在于摆动踢腿时，脚伸直，脚趾向内固定，用脚外侧踢球的后部中间。踢球后，踢球腿顺势前摆着地。踢外侧弧形球时，支撑脚在球侧后方约15厘米-20厘米，踢球腿略微呈弧形，力的方向与球的方向约为45°角，踢球点在球的内侧和后面。踢球后，踢球脚向支撑侧倾斜，以增加球的外部旋转力。

二、接球

接球是指运动员将球控制在所需位置的动作方法，是运动员控球能力的体现。良好的接球和控球能力可以使球队取得更多的进攻机会，是进攻战术的重要组成部分。接球有两种方法：缓冲球的推力和改变球的方向。接球的四个步骤是：判断接球的速度、方向和落地点；调整和移动位置；用正确的方式接球；接球后，及时跟踪球，并调整身体重心。接球的主要方法包括：脚底接球、脚内侧接球、脚背正面接球、脚外侧接球、胸腹部接球、大腿接球等。

（一）脚内侧接球

它的特点是接球面积大，便于旋转和改变方向，高、低球连接灵活方便。适用于接地球、直空中球和反弹球。

动作方法：支撑脚脚尖朝向球的方向，膝关节略微弯曲，接球腿抬起膝盖，转身面向前方，脚掌倾斜，脚底与地面平行。当脚内侧接到反弹球时，支撑脚在球落地点一侧的前面，膝关节轻微弯曲，上半身稍微向前倾斜，并朝着接球方向轻微旋转，脚内侧与球落地点的反弹路线平齐。

（二）脚背正面接球

其技术特点是可以自由移动，接球稳定，但变化较小，适合接落下的球。

动作方法：当用支撑脚接球时，支撑腿的膝关节略微弯曲，支撑脚在接球点的侧面后面，接球腿弯曲并抬起，脚向前伸展以抬起球，脚的前部与落下的球平齐。当接触到球的那一刻，接球的脚很快就从提球变为拔出和缓冲，并且拔出的速度基本上与球的速度同步。此时，有必要放松接球腿的小腿和脚踝，轻轻地将球接到必要的位置并控制起来。

（三）脚背外侧接球

其技术特点是动作范围小、速度快、灵活、隐蔽性强，但动作难度大。

动作方法：球落地时，将接球点放在接球腿外侧，稍微弯曲支撑腿，弯曲接球腿膝盖，抬起接球腿，向内转动脚踝，用脚外侧接触球，轻轻带动球的侧面顶部，使接球脚在球的前面和外面，并将球控制在侧面或背面。接球时，接球脚应在支撑脚前面稍微抬起，然后放松小腿和脚踝。

（四）脚掌接球

其技术特点是动作简单，控球稳定可靠，适用于接地滚球或反弹球。

动作方法：用支撑脚站在球的一侧，稍微弯曲膝盖，脚趾朝向球。同时，抬起接球脚，自然弯曲膝盖，放松脚踝，用前脚掌触碰球的中上部。当采用脚底接球的方法时，为了便于完成下一个动作，通常伴随着脚底接触并按压球后的拉或推，使球处于所需位置。

（五）大腿接球

其技术特点是触球面积大，缓冲效果较好，适用于接高空坠落的球或大腿高度的平直球。

动作方法：面对来球，停球腿大腿抬起，以大腿中部对准下落的球，肌肉适当放松。在大腿与球接触的刹那，大腿迅速撤引，使球落在下一个动作需要的位置上。

（六）胸部接球

其特点是接触点高、面积大、易于转动、改变落球方向和接球位置，适合高空接球。

动作方法：①挺胸接球，适用于接住落在胸部以上的球。当接球时，看着球，前后张开双脚，略微弯曲膝盖，自然张开双臂。当胸部触球时上身向后倾斜，利用胸部的动作弹起球，改变球的运动方向，将球垂直落在身体前方，并及时用双脚控制球。②适用于胸部和腹部之间高度的直球。你接球时，胸部面向球，双脚前后或左右张开，膝盖略微弯曲，手臂自然张开，胸部伸展迎接球。当胸部接触到球时，迅速缩回胸部和腹部，改变来球的运动方向，使其落下。

三、运球

运球是指运动员在运动中用脚控制球，使球始终处于其控制范围内的动作技术。传球给带球防守队员被称为运球过人。常见的运球方法有：脚背正面运球、脚背外侧运球、脚背内侧运球、脚内侧运球。

（一）运球方式

1. 脚背正面运球

运球时，身体自然放松，上身略微向前倾斜；跑步时，前脚抬起脚跟，脚趾朝下。在到达地面之前，用脚背前部轻轻推动球的后部中心。这种方法主要用于前方没有防守且距离较远时的快速直线运球。

2. 脚背外侧运球

在跑步过程中，上身略微向前弯曲，自然放松，双臂自然摆动，步幅应该更小。当运球脚抬起时，膝关节弯曲，脚跟抬起，脚趾略微向内弯曲。在前进过程中，用脚背外侧推动球的中间或内侧背面。这种方法主要用于快速跑动和向外运球以改变方向。

3. 脚背内侧运球

在跑步过程中，身体会自然放松，速度也会变慢。在前进过程中，用脚背内侧控制球。

（二）运球过人

运球一般可以分为三个阶段：第一阶段是在防守队员附近运球；第二阶段是根据防守队员的情况，越过对方；第三阶段是快速运球，在摆脱防守队员后继续前行。

1. 运球时机必须根据对方的动态情况确定

当对方犹豫时，控球员应突然起动，采取主动、强行的方式越过对方。当对手主动抢球时，控球员应在对方抢球的瞬间，从对手重心的相反方向运球。当对手没有主动抢球并等待时机时，控球员应先将球轻轻带到一边，诱使对方的重心向反向转移，或将腿伸向反方向抢球。此时，控球员应立即运球并从另一侧重心的相反方向突破。

2. 运球的通过距离

一般应与对方保持较大的间距，以便对方可以伸脚触球，从而诱导对方伸脚或移动重心，但不能在控球人之前触球，使拦截动作处于被动。

3. 运球是在进行过程中进行的

运球者应根据对方重心的移动掌握自己的运球速度和方向变化，这是完成传球动作的基础。只有利用运球的速度和方向，让对方移动重心，抓住传球机会，才能有效传球。

四、头顶球

现代足球比赛不仅是地面上的比赛，也是空中的比赛。球在头部的高空位置时是争取主动权的重要技术手段。尤其是在罚球区附近，争夺头球对进攻和防守双方都非常重要。它是一种快速、简洁的技术手段，可用于攻击和防御。头顶球可以用在前额的正面和侧面，引导球到达理想位置。

1. 前额正面顶球

其技术特点是球的触碰部位平整，球的方向易于控制，球稳定有力。当球进入视野时，身体面向来球，双腿前后张开，膝关节略微弯曲，上身向后倾斜，重心放在后脚上，双臂自然张开，观察来球的高度和方向。当球在身体前方垂直移动时，身体重心从后脚移动到前脚，用前额前部顶住球的后部中心。起跳时，应选择起跳位置，抓住起跳时机，协调手臂的抬摆，以增强起跳力。起跳后，伸展腹部和胸部，眼睛盯着球。当跳到最高点时，迅速收紧腹部，摆动身体，收紧下巴，用前额接球，后缓冲着陆。

2. 前额侧面顶球

其技术特点是动作快，球线不可预测，对球门的威胁很大。然而，移动困难，侧向摆动力不足，球的方向难以控制。它适用于在紧急情况下在球门前破坏射门。当球被引导入位时，身体面向传入的球，双脚前后张开，膝关节略微弯曲，身体顶部和头部和颈部略微向传出球方向的另一侧旋转，身体重心落在后脚，双臂自然张开，观察来球的高度和方向。当球移动到同侧的肩部时，迅速将身体顶部、头部和颈部朝着球的方向旋转，保持颈部绷紧，将球的后中心推到前额一侧。

五、抢截球

抢截球是一种重要的防守技术，是将防守转化为进攻的积极手段。抢截和拦截包括抢球和拦截技术。抢球是指在规则允许的条件和行动下，抓住受控球。拦截包括阻断对方球员之间的通道。拦截技术是通过竞争、拦截、破坏等手段，延缓和阻止对手的攻击，抓住防守的漏洞。常用的方法有：正面跨步抢截、侧面合理冲撞侧抢截和侧后抢球。

1. 正面跨步抢截球

双脚前后张开，膝盖微微弯曲，身体重心降低，重心平均落在双脚上。对手运球向前时，当脚接触到球，准备触地或刚触地时，己方一只脚立即蹬向地面，然后脚将球与脚内侧对齐，并向球迈出一大步。另一只脚立即跨出形成支撑脚。如果两只脚同时碰到球，应该把球滚过对方的脚背，这时身体应该迅速跟上并控制球。

2. 侧面合理冲撞抢截球

与对手并排跑时，身体重心略微下降，接触对方的手臂。当对方靠近己方一侧的脚时，用肘关节上方的部分与对手的相应部分碰撞，使其失去平衡并离开球，己方及时抓住机会控制球。

3. 侧后抢球

在对方突破的情况下，大部分的侧后抢都是回追和反抢。由于位置上的劣势，不得不依靠抢先行动来争取主动权，通常采用落地铲球的方法。当拦截者距离运球队员还有半步距离时，抓住对手想传球的时机，拦截者将脚蹬向另一侧，形成一个跨步，另一只脚沿着地面的方向用脚的外侧铲球，用脚底铲出球，然后依次用小腿外侧、大腿外侧和臀部将球滑到地面上。

六、假动作

假动作是指在足球比赛中，球员利用各种动作迷惑对方，以隐藏动作意图，使对方产生错误判断和重心错误移动的技术动作和方法，从而赢得领先对方的时间和距离。假动作分为有球假动作和无球假动作，广泛应用于跑位、接球、运球、传球等技术动作中。

1. 变速假动作

在无球运球和跑动中，为了摆脱对方，可以先假装停球或放慢跑动速度，诱导对方放慢跑动速度，然后趁对方毫无准备，突然快速起跑，与对方拉开距离，摆脱对方。

2. 改变方向的假动作

在运球和无球跑动中，为了摆脱对方，可以使用改变方向的方法。例如，先向右跑，吸引对方紧跟其后，然后突然改变方向，迅速向左跑，以摆脱对方。

3. 用假踢来摆脱对方

当对手面对面跑动时，运球手先假装向前踢。当对手闪避或阻挡球时，突然改变摆动腿的方向，并迅速向另一个方向踢球以摆脱对手。

4. 用假接球摆脱对手

想得到对方的传球时，可以故意向前跑去接球，让对方跟上。当另一方到达时，突然转向，朝着传来的球的方向运球，诱导对方，然后将球顶在头上将球传出。

七、掷界外球

掷界外球是运动员根据规则的规定和要求，故意用双手将球扔进场地的一种动作，通常有两种：原地掷球和助跑掷球。

掷球者位于球出界的边线之外，面向球场，张开双脚，轻微弯曲膝盖，重心向后移动；双手自然张开，拇指相对，双手握住球的侧面和背面，弯曲肘部，将球举到脑后。掷球时，身体重心从后脚向前脚移动，腹部后退，身体弯曲，手臂用力向前挥动。当球摆放在头顶上时，用力挥动手腕，把球扔进球场。

八、守门员技术

在足球比赛中，由于守门员位于球队球门前的特殊区域，并受到规则的特殊对待，守门员不仅是球队的最后一道防线，也是整个球队的指挥官和发起人。通常情况下，守门员的主要任务是防止对手在罚球区将球射入球门。它的技术分为两类：无球技术和有球技术。无球技术包括位置选位、姿势准备、移动等；有球技术包括接球、扑球、拳击球、托球、运球、投掷球等。

（一）无球技术

1. 选位

守门员的位置必须根据对手射门点与两极夹角的平分线来确定。当对手近距离射门时，守门员稍微越过角平分线，这可以缩小夹角的阻挡面，通常称为"封角度"。当另一队远距离射门时，守门员不应离门太远，以防止另一队吊球射门。当球在中场时，守门员可以在球门线附近向前移动，随时准备进攻、拦截或撤退，以保证自己处于有利位置。

2. 准备姿势

双脚向左右张开，与肩同宽，膝盖自然弯曲，脚跟略微抬起，身体重心落在前脚掌，上身向前倾斜。肘部自然弯曲在身体前方，双手和手指自然张开，手掌放低，眼睛看着球。

3. 移动

为了准确有效地捕捉或锁定球，守门员必须根据对方的位置的变化及时调整和移动自己的位置。

（二）有球技术

1. 接球

接球是守门员最重要的技术，包括地滚球、平直球、高球等。

（1）地滚球

身体面向来球，双腿自然张开，上身向前倾斜，手臂自然下落，肘部向前弯曲和伸展，双手小指靠近，手掌面向来球。触球时，接球后带球，弯曲手腕和肘部，双臂向内，将球举在胸前。

（2）接平直球

当在胸前接平直球时，身体面向球，双脚左右张开，上身略微向前倾斜，手臂下垂，肘部向前弯曲伸展，双手小指闭合，五指自然张开，形成半圆形。当手触球时，将球举在胸前，当球高于胸部时，弯曲双臂肘部，将手掌与球对齐。当手接触到球时，在手腕和手指上施加适当的力。

（3）接高球

面对来球，判断接球点，快速移动并跳起来，举起双臂并向前伸展以接球，自然张开双手和五个手指，将手掌对准来球。当手触球时，手腕和手指以适当的力量接住球，弯曲肘部，转动手掌，将球举在胸前。

2. 投球

当传来的球离守门员很远，守门员没有时间用其他动作接球时，经常用投球的动作接住球。

3. 拳击球

拳击球是守门员在不确定是否能接住球时将球击离球门的一种方式。在评估准确的打击点后，快速攻击。跳起来后，将球击向预定目标。

4. 运球

当传来的球落在门横梁附近，守门员跳接球不太熟练时，可采用跳接球的方法。根据准备位置，向球的方向快速移动，跳跃并快速伸展接近球，用手掌前部支撑球的底部，以便让球沿着产生的力的方向飞出并飞过横梁。

5. 掷球

为了争取时间反击，守门员经常把球扔给队友。当投球距离接近时，低手掷球。当投掷距离有点远时，用一只手将球放在肩膀上。当投球距离长时，用勾手掷球。

6. 抛踢球

抛踢球是守门员将球传给远距离同伴的方式,守门员应该把球踢向上方,以便把球踢得更远。

第四节　网球运动技术体适能训练

网球源于法国,早在12世纪末13世纪初,法国传教士就经常在教堂里用手击打小球作为娱乐,以调节教堂压力。后来,这项活动传到了法国宫廷,很快成为贵族们的娱乐游戏。他们把这种游戏称为"jeundepaume"(法语,意思是用手掌击球)。起初,他们只在室内玩,然后搬到室外,在空地中间放一根绳子。两边各有一个人。双方用手来回击打一种塞满头发的布球。14世纪中叶,这种游戏被引入英国。当时,球皮由斜纹法兰绒制成,英语称为"Tennis"。

在15世纪,这种游戏从用手掌击球变成了用椭圆形的球拍击球,场地中间的绳子变成了网。这一游戏让更多的贵族感兴趣。从16世纪到17世纪,这种游戏演变为一项竞赛,确定了场地的大小,并制定了相应的竞赛规则。

一、握拍方法

握拍方法可分为"东方式""西方式""半西方式"和"大陆式"。握网球拍的方法与网球拍柄的八个侧面密切相关,分别为上平面、右上斜面、右垂直平面、右下斜面、左下斜面、下平面、左垂直平面和左上斜面。

(1)"东方式"正、反手握拍法

"东方式"正手握是一种非常自然的接球方法,适合打各种高度的球。大多数初学者和业余爱好者都选择这种握拍方法。具体来说,握拍时,手和拍柄类似于"握手",虎口与拍柄右上斜面的上边缘对齐,手掌根部与拍的最后一面齐平，手掌与拍面平行，拇指环绕球拍手柄，与中指接触，食指略微伸出。

"东方式"反手握法类似于正手握法。只是虎口与手柄左上斜面的下边缘对齐，掌根压在手柄左上斜面上。

（2）"西式"正、反手握拍法

"西式"正手握：握拍时，虎口对准右上斜面下缘，掌根和食指贴在拍柄右下斜面上，拇指关节位于拍柄左上斜面位置。这种握法对上旋和高球都有好处。

"西式"反手握：以西式正手握为标准，翻转球拍，用与球拍相同的面击球。

（3）大陆式握拍法

大陆式握拍法就像"握锤"：虎口与手柄上平面的中心对齐，拇指靠近食指，其他手指与食指略微分开。这种握拍方法可以用于各种击球方法，尤其是低球和截球。

（4）双手反手握拍法

双手反手握拍法是右手采用东方式反手握拍法，左手采用东方式正手握拍法，右手在底部，靠近把手末端，左手在顶部，靠近右手。这种方式可以更好地固定球拍表面，有利于增加球的旋转速度和强度。

二、准备姿势与移动步伐

（一）准备姿势

准备姿势是网球最简单的站立姿势。它适合在接发球和"己方阵地"之间击球。准备姿势要求身体放松、集中注意力、弯曲膝盖、用前脚脚掌支撑地面，根据对手的击球快速做出反应，并将球拍握持在身体中央，以便快速从两侧击球。

（二）移动步伐

移动的目的是找到正确的击球点。只有移动到位，才能有效击球。

1. 滑步

向前移动时，右脚向外推，同时左脚向前迈步，重复这个动作。它通常用于在短距离内来回击球。

2. 交叉步

向右移动时，右转，左脚前跨交叉于右脚前侧。向左移动时，方向相反，动作相同。它主要用于底线的左右移动。

3. 向后侧移动

首先，向一侧移动并向后交叉。右脚缩回并面向球。左脚在右脚前面交叉，右脚向后缩回，左脚以平行步接近右脚，右脚以平行步继续缩回。第二种是向后滑步，右脚向后，侧对着球网，左脚靠近右脚，呈平行步。重复这个动作。

三、击球步伐

（一）正手击球步伐

正手击球步伐通常采用封闭式步伐，从一侧到另一侧迎球，双脚向前和向后站立。击球前，重心在后脚。当击中球时，向前一步，将重心移到前脚。

（二）反手击球步伐

反手击球步伐主要依靠支撑脚的旋转。当背击球时，重心在前脚。

（三）发球步伐

准备时，重心在前脚。挥拍时，重心向后移动。击球时，重心向前移动。

（四）截击球步伐

正手截击，左脚向前一步，侧对来球；当正手截击时，左脚越过右脚；当球被向后拉时，应截住右侧以快速接住球。

（五）高压球步伐

当在高压下打球时，可以采取两个步骤：一个是横向步和反向运动；

另一个是后滑步。

四、正、反手抽球技术

正、反手抽球是网球技术中最基本的技术，将球带回终点线并攻击对方，这也是初学者学习和掌握的第一个动作。正、反手抽球都是快速有力的。球被击中后有一定的弧度，能准确击入对方场地。比赛中的球员在底线时运用较多，在上网前的一击中也多采用正、反手抽球技术。

（一）正、反手抽球技术的动作方法

1. 正手抽球技术（以右手握拍为例）

从准备姿势开始，首先判断对手来球的方向和落地位置，迅速移动到合适的位置，保持相对静止。在准备击球之前，迈出左脚，身体的左侧朝向球的方向，并将球拍向后引导。左手也应该配合身体的旋转。球拍顶端倾斜，肘关节略微弯曲，球拍面保持打开。转动身体和腰部，大臂推动小臂尽量向前摆动，球拍的表面垂直于地面，在身体右前方和腰部与肩部之间击球。击球后，球拍随趋势摆动，左手接住球拍并在左肩上收拢，然后迅速回到准备姿势。

2. 反手抽球技术（以右手握拍为例）

从准备姿势开始，迅速判断球落点的位置，移动到合适的位置。右脚上前，弯曲膝盖，身体重心向前移动，同时左手沿着球拍手柄滑动到右手，右手虎口朝向左上方的斜面，左手的虎口面向左平面，引导球拍向后。击球时，转动腰部引导球拍伸直右臂，球拍表面与地面垂直。击球后，球拍应摆动至右肩上方的极限，并迅速回到准备位置。

（1）正、反手抽球的练习方法

①自我投掷和自我打击练习。练习时左手拿着一个网球，从身体右前侧大约1米处扔出，然后挥拍，击中反弹到地面的球。

②两人一组。一个人投球，另一个人挥拍击球。投手在练习者右侧前方约1米处，将球扔到适当位置，练习者击打反弹的球。

③在墙上做正、反的抽球练习。在离墙5~6米的地方，用一个球连续做正、反手抽球练习。

④在球场上，两人距离球网6~8米，并做正手和反手的轻拉抽球练习。

五、正、反手下旋球技术

正、反手下旋也被称为正、反手削球。正手下旋球在上网截击时常用。反手下旋是一种稳定、易于控制、易于掌握、适应性广、变化多、以防御为主的击球技术。反手下旋球通常采用东方式正、反握法或大陆式握法。

（1）正、反手下旋球动作法

正手下旋球的动作方法（以右手握拍为例）：从准备位置开始。当球到达面前时，右脚缩回或左脚抬起，身体一侧面向球网，弯曲肘部并向后挥拍，竖起握球拍的手腕和头部一侧。击球时，从后面和上面挥动球拍，使球拍表面倾斜。击球后，重心向前移动。

反手下旋球的动作方法（以右手拿球拍为例）：从准备姿势开始，球到后迅速左转，转肩，右脚跨步，身体侧对球网，双手握球拍，向后引导球拍，右肘微弯，手腕直立，倾斜球拍头部，重心落于左脚。击球时，牢牢握住球拍，收紧手腕，用腰部的旋转引导右臂，并沿身体前方的横向方向向下挥拍。

（二）正、反手下旋球的练习方法

1. 原地挥拍练习

体会转体引拍、前挥击球、自然随挥三个部分动作的规范化和到位率。

2. 打定位球练习

两人一组，一人原地抛球，一人原地击球练习。

3. 中、远距离击球练习

两人一组，一人中、远距离抛球，一人原地击球。

4.底线移动击球练习

两人一组，一人抛球，一人在底线移动击球。

（三）见错误及纠正方法

1.后引拍不到位，形成抽击球

纠正方法：反复练习引拍动作，每次引拍后观察是否到位。

2.拍面后仰过大，击球过高

纠正方法：击球时，自己或让同伴握住自己的手腕，帮助控制拍面。

3.直腿击球

纠正方法：讲明屈腿的作用，在练习时强调引拍时的屈腿。

六、发球技术

发球是比赛开始时的第一个动作，是进攻的开始。一个好的发球应该具有很强的攻击性，这会使球在速度、力量、旋转和落地点上不断变化，导致对手难以直接接发球得分或有机会反击。发球质量基本取决于两个因素：一是准确抛球。球的抛掷位置不同，击球时球拍表面与球的接触方向也不同，因此可以击出各种性能各异的球，使球形成各种旋转和飞行路线。另一个是手臂摆动。手臂应自然、协调、持续地摆动。这样，发球不仅准确，而且速度快。

（一）发球技巧和动作方法

双脚自然站立，面向侧面的网，前脚与终点线呈45度角，身体重心放在后脚上。发球时，球拍开始接近膝关节，然后来回摆动，抬起左臂和左肩发球。此时，右肘弯曲，双腿略微弯曲，上身略微向后倾斜。当球拍向上摆动击球时，手臂完全伸展，双脚踏在地面上，腰部前顶，手臂向后倾斜。此时，手臂、腰部和腿部都会产生作用力。用球拍顶端向前击球，要尽可能在身体的最高点击球。击球后，迅速回到准备位置。

网球有三种发球技术：平发球、切削发球和上旋发球。虽然它们的基本动作是一样的，但当球拍击中球时，会根据球拍来击中球的不同部位，使球产生不同的旋转。平发球通常是平击球背面的顶部在球拍表面上，其特点是强度大、速度快、落点深。切削发球包括以"削"为主和以"切"为主的发球，击球的右中部或右中下部。上旋发球是引导手臂在旋转身体的同时以右上方弧线的方式移动。

（二）发球技术的练习方法

学习发球应从简单的开始，首先学习平击发球，再学习控制落点的发球，然后学习发旋转和急速旋转的发球，最后学习战术性发球（第一发球和第二发球的变化）。学习与练习的具体步骤如下。

1. 分解练习

练习方法A：抛球练习。左手持球，反复练习抬臂抛球动作。

练习方法B：不用球的挥拍模仿练习。

练习方法C：抛球和挥拍动作结合的徒手练习。

2. 完整练习

完整动作的徒手模仿练习。

对着挡网或练习墙进行实际发球练习。半场发球练习。

瞄准目标的发球练习。

变化击球部位，进行发旋转球的练习。

（三）易犯错误及纠正方法

1. 抛球不稳、抛球的位置不固定

纠正方法：反复练习抬臂抛球的动作，或在墙上画一个有一定范围的标志，练习者站在墙边做抬臂抛球练习，要求每次抛球都能达到标志范围。也可以在空中固定一个目标，做反复抛球击准目标练习。

2. 屈臂击球

纠正方法：在空中的一定高度上挂一个吊球，反复练习发球挥臂动作。

3. 抛球动作不协调

纠正方法：多做抛球和挥臂击球动作的徒手配合练习，抛击动作熟练以后再做完整的发球动作。

七、截击球

截击球是在网前的一种进攻性击球方式。在球落地之前,将球击回对手的场地。回球速度快,力量大,威胁大。目前,网球运动发展迅速,优秀运动员采用快速进攻的网球发球方式,使截击球技术成为重要的进攻手段。

1.截击球技术动作方法

截击的准备姿势应站在网前2.5~3米处,随时准备在两侧快速移动。

(1)正手截击球

将球从右手向前握45度,然后将球拍向前推,手腕略高于右手。击球点应保持在身体右前方。当拦截低网传来的球时,必须完全下蹲,球拍必须更高或与手腕平行。截击球的中间和底部,变成切削下旋球。此时,目标应该是推深落点。

(2)反手截击球

球在反手时,将身体转向左侧,双手放在左上方引拍,与头部高度相同。当传来的球接近身体时,肘部稍微弯曲,手腕缩回。击球时,手腕固定,手臂应从左肩顶部向前和向下按压。最高进网球和最低进网球的截击动作要素与正手截击要领相同。

(二)截击球的练习方法

①对墙做正、反手截击练习。

②移动至中场做截击练习。

③发球上网做截击练习:练习者发球后,立即上网,接发球者将球回击到上网练习者的方向上,使其练习截击球技术。

④底线抽球上网做截击球练习:两人在底线对拉,其中固定一人练习抽球上网做截击球练习,一定次数后互换。

(三)易犯错误及纠正方法

1.击球点过后

纠正方法:加强上步找点练习,手臂主动迎击来球

2. 上步慢，截击晚

纠正方法：加强脚步练习，同时提高战术意识。

八、高压球技术

高压球是指击球手将球打到对手场地上尽可能高出其头部的位置。

（一）高压球技术动作法

当高球飞过时，应该及时移动双脚，侧身朝向来球，用右手收起球拍，用左手指向来球，眼睛盯着来球。当高球飞到击球点附近时，迅速挥拍，伸展身体，踮起脚尖，腹部前倾，尽可能地将球打到前面和头顶上方，击球后右脚向前迈一步，完成后续动作并保持平衡。

击球时，注意手腕的动作，这类似于发球的动作，以防止球失去控制，飞出界外。准备击球时，将身体伸展并后拱。击球时，身体向前弯曲，右脚向前交叉，身体呈新月形。

（二）高压球的练习方法

①站在网前，自己抛高球做高压球练习。

②隔网练习：两人隔网站立，一人放高球，一人固定在网前做高压球练习，一定次数后交换练习。

③两人一组：一人放高球，一人在网前向后移动做高压球练习，一定次数后交换练习。

（三）易犯误及纠正方法

1. 击不到球

纠正方法：高压球下落速度比发球的抛球下落速度快得多，因此击球时要以较小的身体动作和短而直接的后摆动作把球拍后引至头后，以平击的击球方式击球，不要做任何花哨的动作。

2. 击球点不准

纠正方法：击球者必须根据对方挑球的高度及落点来移动自己步伐，等球落地弹起后再击打高压球，此时球速虽然大大减慢，但比较容易掌握击球点。

九、挑高球

挑高球是把球打到对方后场的高处。挑高球分为防守高球和进攻高球：当对手跑向网或离网太近时，使用高球将球击到对手的后场区域。当被迫远离球场使自己处于不利位置时，回击球的最佳方式是利用挑高球来赢得准备时间。

（1）挑高球的技术动作方法

1. 进攻性高球

无论是正拍还是反拍，准备动作都必须与正拍或反拍击球相同，这样对方就很难判断是击球还是挑高球。在击球前的短时间内改变动作，使对手措手不及，发挥高球的进攻作用。

2. 防守性大球

一般来说，选择高球是用平击的方法，这也是最容易掌握的一种挑高科技球。当击中球时，可以将球挑得更高、更接近底线。对方很难直接将挑高球击回，因此必须让球在落地后反弹，以便有更多的时间从被动转向主动，或占据有利的防守位置。

（二）挑高球技术的练习方法

①自己抛球定点练习挑高球。

②一人站在网前击球过网，一人练习挑高球，练习一定次数后交换练习。

③两人隔网练习挑高球。

（三）易犯错误及纠正方法

1. 挑球过于近网

纠正方法：尽量将球挑高用，不担心出界，至少将球击到对方身后1.5米～3米处，经过多次练习以后，适应了这样的击球力度，再逐渐调整拍面的角度，使球落入对方端线内1.5米的范围。

2.击球出界

纠正方法：先轻挑，经过多次练习以后，适应了这样的击球力度，再逐渐调整拍面的角度。

十、放小球技术

放小球是指在对方球网前轻轻击球。当对手站在终点线附近或远离场地时，使用这种战术游戏方法很容易得分，会让对手感到疲惫。放小球应突然且隐蔽，不能多次使用。如果被对手识破，则会反被置于被动地位。

（一）放小球的技术动作方法

放小球的方法与正手和反手相同。击球时，后摆挥拍、小动作，并使用削球的方式击出下旋球。

（二）放小球的练习方法

①两个人练习隔网放小球。

②一个人打正手和反手，在多次之后交换练习。

（三）容易犯错误并改正错误

1.球很容易下网

纠正方法：当放球时，手腕不应放松，击球点仍在身体前方。击球时，球拍表面应略微向上，球应轻轻地越过球网。网的高度通常至少比网的开口高30厘米。

2.球的落点靠后

纠正方法：球拍和手臂呈90度的"V"形。击球时，身体重心应降低。只有这样才能有效地控制球的落点。小球的落点应该距离对方发球区的球网1.5米左右。一般来说，球弹起一次后才出发球线。

第五节 羽毛球运动技术体适能训练

羽毛球基本技术主要由两部分组成：上肢基本手法和下肢基本步法。上肢的基本手法包括三个技术部分：握拍、发球和击球；下肢的行走规则包括基本站位、前场上网、中场左右和后场后退步法组成。

一、握拍方法

（一）正手握拍法

首先用左手握住球拍的中杆，使球拍杆垂直于地面。张开右手，使虎口与手柄斜边上的第二条边线对齐（此时，眼睛可以从左到右同时看到四条边线），然后用近似握手的方式握住拍柄。拇指和食指贴在把手的宽面上，其他三个手指自然地握住拍柄，五个手指与拍柄呈倾斜状。

（二）反手握拍法

在正手握拍的基础上，轻轻向外旋转球拍柄，拇指向上轻轻提起，将拇指内侧顶到球拍柄第一斜边旁边的宽面上，或将拇指放在第一斜边和第二斜边之间的小窄面上，食指稍微向下，放松其余三根手指。

二、发球方法

发球姿势，有正手发球和反手发球。一般来说，单打通常使用正手发球，而双打和混合双打通常使用反手发球。根据球的角度和飞行距离，它可以分为后场高远球、后场平高球、后场平射球和网前小球四种。

（一）正手发球技术

羽毛球每项发球技术由四部分组成：准备动作、引拍动作、击球动作和击球后的动作。

1. 正手发后场高远球

准备动作：根据个人习惯选择中场附近的发球站位。双脚自然分开：左脚在前面，脚尖对着网，右脚在后面，脚尖稍微向右，重心在右脚上；用左手的拇指、食指和中指握住羽毛球的中心，自然举于胸前；在发球前，用右手握住球拍，自然弯曲肘部，将其向身体右后侧提起，处于准备姿势。

引拍动作：松开持球手，使球自然落下；此时，随引拍动作左手缩回至身体左侧；同时，右上臂随着转体外旋，带动前臂沿半圆弧从下到上做四环引拍动作，手腕完全伸展，身体重心随着转体和拉拍动作逐渐向前移动。当拍挥至身体右侧前下方，身体转至近于面对球网时，准备击球。

击球动作：最佳击球点在身体右侧下方。当球拍表面与球接触时，右臂迅速内旋，带动手腕向前和向上闪动，展腕，曲指发力，用正拍面击球，身体重心随着转体动作逐渐从右脚移动到左脚。

击球后动作：身体重心完全移到左脚，随后，球拍在左上方自然惯性挥，然后双臂还原到接球前的准备动作。

2. 正手发后场平高球

正手发后场平高球是利用正手握拍法，以正拍面击出飞行弧度较后场高远球低的一种发球，球飞行高度以对方跳起无法拦截为佳。

准备动作：引拍动作和击球后的动作均与正手发高远球相同。

击球动作：击球时，以小臂带动手腕发力，拍面与地面之间的夹角小于45度，向前推进击球。

3. 正手发后场平射球

正手发后场平射球是用正手握拍，用正拍面击出飞行弧度正手发扬平高球对还要低的一种发球。

准备动作：击球后的动作与正手后场远高球的动作相同，引拍的动作略小于后场高远球的动作。

击球动作：击球时，拍面仰角小，前臂内旋带动手腕快速闪动向前击球。

4. 正手发网前球

网前球是一种，用正手握住球拍，用正拍面击球，轻轻擦过球网，落在对手的前发球线附近。

准备动作：引拍动作和击球后的动作与前面正手发后场高远球相同。

击球动作：当击球时，握拍放松。前臂向前摆动，无内旋动作。力量由手指和手腕控制。用斜拍面向前推送击球，轻轻擦球过网，落入对方的前发球区。

（二）反手发球技术

1. 反手发后场平高球

反手握球拍，以反拍面击出同正手发后场平高球飞行弧度一样的球，称为反手发后场平高球。

准备动作：双脚分开，与肩膀同宽，右脚向前，左脚向后，重心在右脚；用左手拇指、中指和食指握住球羽，将球放在腹前腰部下方，弯曲右臂肘部向上提起，用反手握住球拍，自然地将球拍放在腹前持球手后面，双眼正视前方，呈发球前的准备姿势。

引拍动作：左手放球时，右臂以肘部为轴，前臂旋内，带动手腕做由后向前引拍动作。

击球动作：击球时，曲指伸腕用正拍面向前上方击球。

击球后的动作：以制动动作结束时用力，并迅速调整向前握拍位置，以放松握拍。

2. 反手发后场平射球

用反手握住球拍，以反拍面击出与正手发后场平射球同样飞行弧度的球为反手发后场平射球。

动作要领：动作与反手发后场平高球基本相同。击球时，在规则允许的范围内尽可提高击球点，并用拇指的上半部力量弯曲手指，使拍面与地面成90度角向前推进击球。

3. 反手发网前小球

用反手握拍，以反拍面击出与正手发网前小球飞行弧度一样的球，称为反手发网前小球。

基本动作：准备动作、引拍动作和击球后动作与反手发后场平高球相同。

击球动作：击球时，从外到内转动手腕，控制手腕和手指的力量，用斜拍面，轻轻推送切击球托，使球尽可能低地飞过网，落入对方前发球线内。

三、移动步法

（一）准备姿势

当对方击球时，接球的姿势是：双脚与肩膀的宽度相同，自然放松，左脚比右脚向前移动半步，膝盖略微弯曲，两脚后跟自然抬起，脚底首先接触地面，身体重心略微降低。手上的动作是：用右手握住球拍，轻轻弯曲手腕，使拍头略微向上，并位于胸前。

（二）基本步法

羽毛球的基本步法有蹬步、跨步、跳跃步、并步、垫步、交叉步等。

①蹬步：以一脚为轴，另一脚作向后或向前蹬迈步，称为蹬步。

②跨步：在移动的最后一步，左脚用力向后蹬的同时，右脚向球的方向跨出一大步，称为跨步。

③跳跃步：起跳腾空击球的步法。它可分为两种：一种是在上网扑球或向两侧移动突击杀球时，以领先的脚（或双脚）起跳，作扑球或突击杀球；另一种是对方击来高远球时，用右脚（或双脚）起跳到最高点时杀球。

④并步：右脚向前（或向后）移动一步时，左脚即刻向右脚跟并一步，紧接着右脚再向前（向后）移一步，称为并步。

⑤垫步：当右（左）脚向前（后）迈出一步后，紧接着以同一脚向同一方向再迈一步，称为垫步。垫步一般用作调整步法。

⑥交叉步：左右脚交替向前、向侧或向后移动为交叉步。经另一脚前

面超越的为前交叉步；经另一脚跟后超越的为后交叉步。

1. 中场接杀球步法

由中心位置向左场区边线附近或右场区边线附近移动接杀球的步法称为中场接杀球步法。往身体左侧的左场区移动为反手接杀球步法。往身体右侧的右场区移动为正手接杀球步法。依据来球的不同方向和视来球与身体的距离的远近，可运用正、反手蹬跨步和正、反手垫步接杀球步法。

2. 后场后退步法

①后场正手后退步法：身体面对来球往身体后侧的后场区域移动击球的步法称为后场正手后退步法。

②后场头顶后退步法：在身体左侧的后场区域运用正手绕头顶击球的后退步法称为后场头顶后退步法。

③后场反手后退步法：在身体左侧的后场区域运用反手击球的后退步法称为后场反手后退步法。

四、接发球技术

（一）接发球的准备姿势

1. 单打接发球准备：左脚在前面，整个脚掌蹬地，右脚在后面，以前脚掌触地，身体重心落在左脚上，膝盖微微弯曲。右手握着球拍自然挺起胸膛，保持身体平衡。眼睛盯着对方，准备发球。

2. 双打接发球准备：基本上与单打相同，但由于双打速度快，所以发球时可以适当地把球抬起来，把球抛过头顶。

（二）接发球的站位方法

①单打：单打的接发球站位距前发球线约1.5米。如果是在左发球区接球，一般选择有效发球区域中心站位。如果在右发球区接球，则在有效发球区域中心稍偏靠近中线的位置站位。

②双打：由于双打后发球线比单打短0.76米，发高球易被扣杀，所以双打多以发小球为主。因此，双打接发球的站位一般都前移，选择靠近前发

球线的位置，目的是争取高的击球点。

（三）接发球的方法

①如对方发后场高远球、平高球时，可用平高球、吊球或杀球进行还击。

②如对方发网前小球，可用放网前球、勾对角球、推后场球还击。

③如对方发平射球时，可用杀球、平高球还击，以快制快。

五、击球技术

羽毛球技术特别包括后场高远球、平高球、吊球和杀球；前场的扭转球，推、勾、击、挑球和网前小球；中场的平抽快挡球和接杀球等技术，每种击球技术分为正手击球、反手击球和头顶击球（左后场）。在羽毛球运动中，每一次击球都由准备、判断、移动、击球和回位等基本环节组成。

（一）后场击球技术

后场击球技术主要由高远球、平远球、吊球和杀球等几项技术及相应的后退步法组成。其特点是击球点高、力量大、速度快、威力大，是后场进攻的主要手段。

1. 后场正手击高远球

正手握拍，在右肩的前上方用正拍面击后场高远球称为后场正手击高远球。

2. 后场头顶击高远球

正手握拍，在左后场区用正拍面在头顶上方击后场高远球叫后场头顶击高远球。

3. 后场击平高球技术

后场平高球是飞行弧度比高远球低的一种进攻型高球，其高度以对方起跳拦击不到为准。

4. 后场吊球技术

从后场将球回击到对方网前区域（前发球线附近与球网之间）紧靠边线两角的近网小球为后场吊球。

5. 后场杀球技术

后场正手杀球技术：在右肩前上方，利用正手握拍以正拍面击杀球为后场正手杀球。

后场头顶杀球技术：准备姿势、引拍动作及击球后的动作要领均与后场头顶击高远球技术相同，而击球动作则与后场正手杀球技术动作要领基本相同，所不同的是击球点偏在头顶前上方。

（二）前场击球技术

前场击球技术包括网前搓或放小球、网前推后场球、网前勾对角球、网前扑球和网前挑后场高球。

1. 网前搓小球

运用快速上网步法，争取高的击球点，将网前位置的来球以斜拍面"搓""切"等动作击球，使球在摩擦力的作用下旋转飞行，同样落至对方的网前。这种球称之为网前搓小球。

2. 网前推后场球

（1）正手网前推后场球

正手握拍，用正拍面将网前的来球推至对方底线两角的球为正手推后场球。

（2）反手网前推后场球

反手握拍，用反拍面将网前的来球推至对方底线两角的球为反手网前推后场球。

3. 网前勾对角线小球

正手网前勾对角线小球：正手握拍，在右场区以正拍面将在网前角落位置的球以对角线路勾至对方网前角落的球称为勾对角线小球。

反手勾对角线小球：反手握拍，在左场区以反拍面将在网前区域内的球斜勾至对方网前一角的球称为反手勾对角小球。

4. 网前扑球

当对方回击的球过网的弧线较高时，抢高点将球向对方场区下方扑压过去的球称为网前扑球。

正手网前扑球：用正手握拍，正拍面将球网上方的球向对方场区扑击下去称为正手扑球。

反手网前扑球：反手握拍，用反拍面将网前区域内的来球向对方场区扑击下去称为反手扑球。

5. 网前挑后场高球

将网前区域低手位的球由下至上地击至对方后场端线上空的球称为网前挑后场高球。

正手挑后场高球：准备动作及击球后的回收动作均与正手搓网前小球相同。

网前反手挑后场高球：准备动作与击球后的动作均同反手网前搓球。

6. 放网前小球

将网前区域内低手位置且离球网又有一定距离的球轻轻一击，使球擦网而过，同样落至对方网前区域内的球称为放网前小球。

（三）中场击球技术

中场击球技术主要包括中场平抽快挡球和接杀球两种。它要求判断反应快，引拍与摆动的弧度小以及防转攻或攻转防的意识要强。

1. 中场平抽快挡球

在中场区域范围内，采用半蹲击球技术，将大约在肩部高度且较平快的球，以与网起平的高度迅速平抽快挡过去的球称为中场平抽快挡球。根据来球的不同方向及对方的具体位置，可采用半蹲正手击球、反手击球和头顶击球三种击球姿势。击球时，通过调整拍面的角度，可分别击出直、斜线不同线路的球。

2. 接杀球技术

接杀球技术可分为接杀球放网前小球、接杀球勾网前对角线球、接杀球挑后场高球和接杀球平抽球等几种球，每一种球又可分为正、反手两种击法。

第六节　乒乓球运动技术体适能训练

乒乓球运动是参加比赛的运动员在位于两名选手之间的其中一个网球平台上轮流击球的运动之一。19世纪下半叶，网球运动在欧洲盛行，当时一些英国学生在房间里以餐桌为球台，以手提包或两把椅子拉一根线做网，使用软木或橡胶制成球，以羊皮纸贴成的长柄椭圆形空心球拍，在台上玩耍，当时仅是作为一种家庭娱乐活动。最初没有统一的规则，球网的高度和大小都没有特殊规定，发球顺序和得分方法也比较随意。而后逐渐流行起来，演变为一种时髦的室内游戏。

乒乓球的基本技术包括：握拍法、准备姿势、基本步法、发球、接发球、推挡球、攻球、搓球、削球、弧圈球及结合技术等。

一、握拍法

握拍姿势的正确与否，对技术的改进有一定的影响，因为它与手臂和手腕的动作密切相关。有的学生打得不规范，技术发展难以寸进，往往是因为握拍姿势不标准。

（一）直拍握拍法

1. 快攻握拍法

就像人们手握钢笔写字一样，食指第二节和拇指第一节在拍柄前握成钳形，两个手指之间的距离为1～2厘米，拍柄贴着虎口，柄后三根手指自然弯曲重叠，使中指第一指节贴在拍柄上端处。

2. 弧圈握拍法

握拍时拇指压在拍柄左侧，食指将拍柄圈成环状，紧紧握住拍柄，拍后三个手指自然微弯曲将中指第一指节顶住拍的中部。

3. 削球握拍法

拇指弯曲并用左手按在手柄侧向下按压，其余四个手指自然分开，握住球拍后侧。当正手削球时，尽量使球拍往后仰，以减少冲击力；用反手削球时，拍后四个手指必须灵活转动球拍使手柄向下。在反攻时，食指迅速移到前方，以第二指节扣住拍柄，拍后三指呈弯曲弧度握住拍的上端。

（二）横拍握拍法

握横拍的方法与人们见面时握手的方法相同。中指、无名指和小指握住球拍手柄，虎口靠近球拍肩部，拇指略微弯曲并捏紧，球拍的前部靠近中指，食指斜伸至球拍的另一侧，快攻时食指用力。反手攻球或快拨时拇指用力，也可将拇指稍向上移动。当前后切球时，手指几乎不动。

（三）握拍时需要注意的问题

①拍柄握得不能太紧也不能太松。当直握球拍时，食指和拇指组成的钳形不能太大或太小，以免影响手腕运动的灵活性和击球的力量。

②无论是直握还是横握，在准备击球或击球后，手柄都不应太紧或太松。太紧会使手腕僵硬，影响击球的弧度；太松则会导致球拍表面震动，影响击球的强度和准确性。

③握拍的关键在于手指能灵活调整拍面角度，提高击球命中率。因此，我们要反复体会每个指节的动作、力量来调整掌握球拍的角度。

二、准备姿势与步法

（一）准备姿势与站位

1. 准备姿势

有了良好的准备姿势，就能妥善应对各种复杂情况。击球时，合理的准备姿势有利于快速移动，选择合适的位置，及时准确地回球有利于主动回击。对于准备姿势，以下几点是必要的：

①双脚平行站立，与肩同宽或稍宽。首先，保持身体重心稳定，确保能快速运动。抬高脚跟，但不能将其提升到极限，否则脚跟会僵硬。前脚

掌内侧接触地面以支撑重心。始终保持重心稳定，快速起步，灵活运用各种技术和步法。

②膝盖稍微向内弯曲，以保持膝关节的良好弹性，组织更多的肌肉群参与足部运动，发挥腿部力量，更快开始动作。

③含胸收腹，上身略微向前倾斜，这有利于腰部快速移动和旋转以击球。

④握拍的手臂自然弯曲，直握拍的肘部略微向外伸展，手腕放松，球拍放在腹部右侧前方20~30厘米处，以照顾左右，加快击球速度。横握拍时肘部向下，前臂自然平放。

⑤用双眼关注球的动向，快速判断。

2. 站位

击球前的站位应根据不同的打法来确定，各种站位应与个人打法特点相结合，这样有利于发挥个人技术特长。

①弧圈类：基本站位离台约30~40厘米，偏左侧站立；两面攻打时离台约50厘米左右，中间偏左站。以弧圈球为主打法基本站位在中台，离台约50厘米左右，偏左。

②削球类：横拍攻削结合打法基本站位在中台附近；以削为主配合反攻打法，基本站位在中远台附近。

3. 步法

乒乓球运动发展迅速，随着上肢技术不断丰富和创新，对下肢的足部步法等也提出了更高的要求。否则，会直接影响比赛时上肢技术的发挥，降低击球质量。

步法的运动是击球的重要环节之一。比赛中的每一次击球都必须移动脚步以到达正确的击球位置，这也是争取主动、摆脱被动的重要方式。快速灵活的步法不仅能保证击球运动员的动作正确，而且能提高击球的准确性。因此，乒乓球比赛是"手脚并用"。换句话说，如果没有良好的步法训练，无论你的上肢"技术"有多好，都无法保证有效地回击球，更好地发挥比赛水平。

（1）快攻类步法

① 左推右攻步法：这种类型的打法位于桌子的左半部附近。常用左脚在前，右脚在后站立，以充分发挥正面进攻的力量。因此，它的步法运动是一个小范围的左右运动，速度更快，结合了大范围地向前和向后的运动和动作。它主要结合滑步和跳步，并与其他步法配合。

② 双面攻打法：其比赛方法的特点是站得近，双脚平行。一般来说，站立的位置稍微偏左。它通常用于左右小侧身单步让开身体进行正反手攻球。因此，步法主要基于滑动步和小范围跳步，并结合其他步法。

（2）弧圈类步法

这种打法有较多的击球动作，需要更多的自主发力。由于这种比赛方式需要兼顾广泛的攻防范围，进攻时必须到位，重心要相对稳定，这样有利于自身击球的力量，它的步法可以移动并使用多个交叉步。此外，它还可以与其他步法结合使用。

（3）削球类步法

削球时远离台面，击球点下落较多，有利于自身发力时球产生旋转。由于乒乓球技术形势的发展，以削球为基础的比赛方法普遍加强了进攻，有的已经发展成攻防结合，需要注意的范围大，重心需要迅速转换，步法的运动方式也多种多样，因此这种类型的防守，其步法的动作主要是交叉步，与其他步法相结合。一旦变成攻击，则主要运用滑步和跳跃步。

三、发球与接发球

发球与接发球是控制和反控制的体现之一，也是乒乓球的一项重要技术。发球方利用主动权控制对手。接受方努力避免被动，对抗控制，努力改变被动局面。两者是对立统一的。因此，发球与接发球之间的矛盾一直对技术战术的发展起着重要的推动作用。

（一）发球

1. 发球的意义

发球是一项重要的基本技能。根据战术意图发球，不受对方干扰。有时候可以通过发球直接或间接得分，也可以通过发球发挥你的技能、战术和特长，这样就可以充分发挥自己的优势，争取主动。因此，发球往往是开局先行者，为潜在的攻击打开局面，创造条件。

2. 发球的种类

有很多方法可以划分发球的类型，例如，根据方位，可以分为正手发球、反手发球、侧身发球；根据发球的性质，可分为速度发球、着陆发球、单一旋转类发球和混合旋转类发球；根据形式的不同，可分为低抛发球、高抛发球和下蹲发球。虽然有很多种类型，但归根结底，它与速度、旋转和着陆点是分不开的。

3. 发球技巧

（1）平击发球

特点：平击发球是一种具有一般上旋和一般速度的发球。它不仅是适宜初学者最简单的发球方法，也是掌握其他复杂发球的基础。

①正手发球动作方法：左脚略向前，身体略右转，左手掌持球，置于身体前方右侧，右手持拍，置于身体右侧。当球向上抛时，右臂必须引导球拍稍微向后，然后从右后挥拍到身体左前方。当球落得比网稍高时，击打球的中部和顶部，朝左前方用力。球的第一个落地点必须位于台面的中心，击球后必须迅速还原。

要点：产生力量的主要部位是前臂，体重从右脚转移到左脚。

②反手发球动作方法：右脚微向前或平行站立，身体微向左转动，左手掌持球，放在左侧前方。当左手投球时，右臂向外旋转，球拍表面的角度略微向前倾斜，使球拍朝向身体的左后侧。击球时，当球从最高点落下略高于网时，击中球的中间和顶部，并在右前方用力。球的第一个落地点应该在己方台面的中心，击球后迅速还原。

要点：施力前手臂的右摆。击球后的第一个落地点应该落在台面的中心，身体的重心应该从左脚移到右脚。

（2）发急球

① 正手发球右上旋快球（奔球）

特点：球速快，落点长，冲力大，弧度低，右侧上旋明显，发球时运行弧度偏左。

左脚稍微向前，身体稍微向右转动，左掌将球握在身体右侧前方。同时，右臂向内旋转，使球拍面朝前略微倾斜，前臂手腕自然下垂，肘部将球拍引向身体右后侧。当球接近网的高度时，拇指在摩擦时按压球拍，手腕从右后向上向左摆动，前臂向前和左上摆动。击球的第一个落地点应该在己方台面的端线附近。

要点：主要力量来源前臂的手腕，身体重心从右脚移动到左脚。

② 反手发急球

特点：球速快，落点长，冲力大，左侧上旋转强。

动作方法：右脚稍微向前或平直站立，身体稍微向左倾斜，左手手掌握住球，球位于身体左前方，然后左手向上抛球。同时，右臂向外旋转，球拍向前倾斜，上臂自然靠近身体左侧，球拍被引导至身体左后侧。当球从最高点下降到网的高度时，击打球左侧的中间和顶部，右臂居中。前臂左右摆动，腰部向右摆动。击球时，前臂加速并摆动至前方和右上角，手腕摩擦球。击球的第一个落地点应该在己方台面的端线附近。

要点：产生力量的主要部位是前臂。在运动过程中，身体重心从左脚移动到右脚。

（3）正手发左侧上（下）旋球

特点：旋转力强。对手拦住球后，向其右侧上（下）方反弹。

动作方法：左脚在前面。抛球时，将球拍手置于右上方，并伸展手腕引导球拍。当球落到与球网相同的高度时，手臂迅速向左摆动。当触球时，手腕迅速向上向左旋转，从球的中心向上向左摩擦球拍。当左侧向下旋转时，手腕迅速向左和向下旋转，以从球的中心向左和向下摩擦球拍。

要点：击球时，腰部、腿部、前臂和手腕应协同工作。

（4）反手发右侧上（下）旋球

特点：能充分利用旋转动作，旋转力强。对手拦住球后，向其左侧上（下）反弹。

动作方法：右脚在前面，手柄稍微向下，球拍延伸到左上角。当球落在与球网相同的高度时，前臂和手腕同时发挥力量。击球时，手腕旋转至右上角，从球的中心向上向右摩擦球拍。当右侧向下旋转时，手腕向下向右旋转，从球的中心向右向下摩擦球拍。

重点：充分利用手腕旋转配合前臂力量。

（5）正手发转与不转的球

特点：球的速度慢，前冲力小，旋转和不旋转的技术相似。可以使用旋转变化来混淆对方，导致对方判断失误或为己方的抢攻创造条件。

动作方法：右脚在后面，前臂引导球拍向后和向上，球拍表面稍微向后倾斜。当球落到与球网相同的高度时，前臂快速向前和向下摆动，加快手腕的旋转速度，并用力摩擦球的中下部。发不旋转的球的动作与发球向下旋转和旋转球的动作大致相同。不同之处在于手臂的外旋间隔较小，球拍表面的后摆角减小，球的平均和平均下部受到影响，向下摩擦球的力减小，向前推动球的力略有增加。

重点：前臂和手腕一起配合发力。当发不旋转球时，减少拍面的后仰角度，轻轻向前推。

（二）接发球

随着乒乓球技术的发展，发球技术也在不断创新，这就需要相应的接发球技术的提高。乒乓球比赛从发球和接发球开始，每场比赛的发球次数几乎与接球次数相同。如果在比赛中没有接好发球，除直接失分外，还可能导致间接失分，个人的技战术也无法发挥作用，心理紧张和恐惧，导致整体失利。

1. 选择合适的站位

首先，根据对手发球时选择的位置，决定己方的站位。如果对手发球时，是正手处于球台右方，己方位置也应该偏右；如果对方发球偏左，己方位置也必须偏左。站在左侧或右侧通常被认为是与对手发球的大角度对角线。站位的距离取决于个人习惯、打法和身高。高个子的人可以离得远些，矮个子的人可以离得更近。

2.准确判断落点和旋转

①从对方发球时拍面方向和手臂摆动方向判断球的斜线和直线。

②球的旋转性能由对手的发球和摆动以及击球时摩擦运动的方向来判断。

③根据对手手臂的摆动幅度和手腕的力量程度判断着陆点的长度和旋转力。

四、推挡球

推挡球是我国左推右攻运动员的主要技术之一。同时，这也是各类打法必须掌握的基本技能。它具有站位近、动作小、速度快、变化多的特点。在反击中，通常采用快速推压，结合力量、落点和旋转的变化来牵制对方，从而为正面进攻和侧面进攻创造有利条件。处于被动时，也可以起到积极的防御作用。

推挡球可以分为挡球、减力挡、快推、加力推和推下旋等技术。

（一）挡球

特点：一般用于初学者熟悉球，提高控球能力。动作简单，易于掌握。球的速度很慢，力量很小。这是一项面向初学者的入门级技术。

动作方法：两脚平行、分开站立也可右脚稍靠后，身体距离球台约40~50厘米。击球前，膝盖微微弯曲，含胸收腹，手臂自然弯曲。球拍的表面几乎垂直于台面，将球拍置于身体前方。击球时，当球跳到上升击球的中心时，用前臂和手腕轻轻向前击球。主要是利用对方球的反弹力将球挡回。击球后，迅速回到准备动作并准备下一次击球。

要点：发力的主要部位是前臂，重心在双脚上。

（二）减力挡

特点：返回弧低，着陆点短，受力轻。当对手离开球台时，可使用减力挡前后移动，迫使对手主动前后跑动。这是一种高度控制的技术，可以降低传球的力度。

动作方法：右脚稍微向前或两脚平行站立。身体距离球台约40厘米，手臂向外旋，球拍面倾斜，不需要收回手臂来引导球拍向后，只需抬起前臂，使球拍表面略高，手臂稍微向前，以迎接球。当击球时，传来的球跳到上升的高度，击球的中部和顶部。击球时，手臂和手腕略微缩回，以缓冲击球时的力量。击球后，迅速回到准备姿势。

要点：产生力量的主要部分是前臂的回撤，在运动过程中，身体重心放在双脚上。

（三）快推

特点：站位近，动作小，速度快，变化多。只要充分发挥速度的优势就可以起到辅助作用。

动作方法：站在球台附近，右脚稍向后站立或两脚平行，手臂和肘部的关节靠近右侧。击球前，将前臂稍微向后拉。击球时，前臂向前推，食指按压球拍，拇指放松，球拍向前倾斜，在球的上升阶段击中球的中部和顶部。击球后，迅速回到准备姿势。

要点：稍后撤引拍，前臂向前推，用旋转的手腕向下压。

（四）加力推

特点：回球力度大，速度快。它可以压制对手的进攻，往往会迫使对手退后，陷入被动防御状态。多推少挡的组合可以更有效地压制对手的主动权。

动作方法：击球前，右脚稍微向前或双脚平行张开，身体距离球台约50厘米。前臂抬起，球拍向后，肘部靠近身体，球拍在球拍前面倾斜，使球拍离开舞台时更高。击球时，当来球在上升后期或高点跳到球的中间和顶部时，上臂、前臂和手腕加速向前和向下推动，并配合腰部增加推力。击球后，手臂随着趋势向前移动，然后迅速回到准备位置。

重点：受力的主要部分是前臂、上臂、前臂和手腕同时用力，腰部和头部配合。将重心从左脚移到右脚。

（五）推下旋

特点：返回点长，弧度低，可向下旋转。落到对方台面时，向下沉。在失速旋转向上推挡时，突然变成向下旋转，引导对方推球网。但需要注意的是，如果对手来球力大旋转强时，下推旋转技术将很难使用。

动作方法：击球时前右脚稍微向前或双脚平行张开，身体距离舞台约40厘米。手臂向内旋转，球拍表面随后倾斜，上臂向后拉，前臂将球拍抬向前方和上身。击球时，球的中心部分在提升后期或高点向下推，手臂、前臂和手腕的上部向前和向下推拉。击球后迅速回到准备姿势。

要点：力的主要部分是上臂和前臂。在击球过程中，将身体重心放在双脚上。

五、攻球

（一）正手快拉

特点：正手快拉是处理削球的重要技术。它具有动作小、线路灵活、速度快的特点。

动作方法：双膝略微弯曲，身体重心略微降低，双臂放松，前臂略微下沉。击球前，前臂必须向着球，沿着腰部向右，并将球拍稍微向后引导。击球时，前臂必须向前和向上施加力，以摩擦球并接触球的中部或中部和底部。击球后，注意判断下一个球。

（二）正手快攻

特点：正手快攻具有位置近、速度快、进攻性强的特点。这是反击中常用的一种主要技术。

动作方法：左脚略微向前，身体距离舞台约50厘米，手臂自然弯曲并向内旋转，球拍向前倾斜，前臂主要向后牵（有小流量），球拍被牵到身体右侧的后面。击球时，当传来的球跳到一定的高度时，击中球的中部和顶部。在上臂的引导下，前臂快速向左和向前摆动，前臂向内旋转。击球后，手臂在任何时候都会继续向左前方和顶部摆动，并迅速回到击球前的准备位置。主要力量由前臂发出，重心从右脚转移到左脚。

（三）正手扣杀

特点：动作大，力量大，球速快，攻击力强。在其他技术占据主动和优势的情况下，当对手回中高球时，通常使用扣球。这是比赛中得分的重要手段。

动作方法：站立位置的距离取决于球的长度，传入的短球应靠近平台，传入的长球应靠近平台。整个手臂应随着腰部的旋转向后引导球拍，增加击球距离，并将注意力集中在手臂顶部。手腕控制着着陆点，手臂向左前后摆动。当传来的球跳到最高点时，击中球的中间和顶部。击球后，迅速回归准备工作，并为持续扣球做好准备。

（四）反手快攻

特点：站得近，动作小，球速快，回击时借来球力度，这是双方进攻的重要技术之一。左推右攻球员也应该具备一些反手快攻技术。

动作方法：右脚稍微向前，几乎是平的，身体距离球台约50厘米。当传来的球跳到上升高度时，将球的中部和顶部向前或在前部和顶部向右摆动。快攻一般采用中、上力，但应根据来球长度灵活控制。请注意，当使用快速反手断球时，突然性应该很强，落地点应该改变得更多。攻击斜线球时，击中球的左中心，攻击直球时，击中球的中心。击球后，迅速回归准备工作，并为下一个球做好准备。

（五）侧前正手攻球

特点：侧身正手攻速快、有力，比正手攻击更有难度。这主要是因为当球从台面的左半边传来时，没有反手动作来回击球，但它会根据球的落地点移动脚的运动，横向进攻，并用正手球回击，动作范围很广。

动作方法：根据来球的不同表现，采用不同的前位进攻技术回击。由于站立位置与前面位置不同，身体略微向球台倾斜，必须适当调整球拍的方向和击球手的摆动方向。快速移动站位，争取一个良好的击球位置，并根据来球的不同落点使用适当的步法来移动。

六、搓球与削球技术

（一）搓球技术

搓球的动作与削球动作类似，也是一项入门级技术，削球时也需要掌握，它是回击下旋球是任何比赛方法的基本技术。特点是站得近，动作幅度小，大部分回球都在球台上，使对手很难回球。因此，可以作为寻找攻击机会的过渡技术。它大致可以分为四种类型：快搓、慢搓、摆短、搓侧上下旋四种类型。

（二）削球技术

削球技术有两大特点：一个是稳健性，另一个是积极性。削球技术有很多种：从握拍角度来看，有直拍、横拍正反手削球；根据站立的位置，又分为近削和远削。

1. 近削位置距离球台约1米，双脚张开，双膝微微弯曲。正手削球时，右脚在后，重心偏向右脚。反手削球时，左脚在后，重心在两脚之间移动。如果来球的力量很小，旋转很弱，前臂应将球拍移到左上角。在上臂带动下前臂手腕向右前下方用力，正手则向左前下方用力。在球的高点或早期下降前击球。手臂向前和向下移动，转动腰部，击球后调整姿势，为下一次击球做好准备。

2. 远削与近削基本相似。不同之处在于站立距离较远，距离台面1米。击球前用前臂将球拍向上引，然后在下降期击球的中间和底部。由于站立位置较远，击球点较低，需要加大击球力度，向前施加更多的力量。上臂通过力量引导前臂。腰部和腿部有很大的扭转潜力，整个动作比近削动作幅度更大。因为站立点较远，击球点较低，所以需要加大击球力度，向前用力。

七、弧圈球技术

弧圈球是一种进攻性技术，具有很强的向上旋转能力。弧圈球能制造合适的弧线，稳定地将后旋球低而有力地回击，比进攻球有更多的发力机会。弧圈球的特点是上旋球强，攻击力大，稳定性高。根据其性能，可分为加转弧圈球、前冲弧圈球，侧旋弧圈球。正手加转弧圈球也叫高吊弧圈球弧度高，球速慢，曲度大，向上旋转力强，从平台上落下后滑动速度快，球的第一弧度高，第二弧度低。这是应付削球和搓球的有效方式。

动作方法：左脚在前面，右脚在后，身体右转，右肩低，左肩高，腹部略微内收，手臂自然下垂，球拍后引范围小，球拍表面在球下降的初始阶段略微向前倾斜，摩擦球的中部偏上。击球时，抬起脚跟，将鞋底内侧推至地面，并旋转腰部和髋部，以引导上臂和前臂。上臂是主力，向左前上方发力。例如，击球点靠近球网的球主要由前臂和手腕提供动力。

第五章　休闲运动体适能教学训练

第一节　传统气功健身体适能训练

养生保健是中国人体科学和医学的精髓。几千年来，在研究人类生命科学与自然、社会关系的过程中，通过实践，道教、儒家、佛教和医学流派发挥作用，形成了独特的传统健康理论和方法体系，它已成为中国传统文化中一颗璀璨的明珠。

气功锻炼方法可分为静功和动功。静功是指采用坐、卧、立等外在静谧的姿势，运用放松、平静、守护、休息等方法锻炼精气神，即注重锻炼内在的精神、肺腑、气血，故称"内功"。动功是采取各种身体运动，结合意气、自我按摩、拍打等方式，锻炼脏腑、筋骨、骨骼和肌肤。因其动作表现于外，故称"外功"。气功是动态和静态、内在和外在的结合。内功是关键，只有内功达到一定水平，外功才能达到提高身体素质的非凡效果。气功历来强调"身、心、息"与"精、气、神"的结合。

气功锻炼就是采用坐、卧、站的静态姿势，结合思想的集中和运用，以及各种呼吸方法的锻炼，以达到强身健体、治病的目的。这种体位锻炼、呼吸锻炼和心理锻炼在古代也被称为"调节身体""调节呼吸"和"调节心脏"。姿势、呼吸和思维的锻炼是密不可分的，相互影响、相互促进。每一次静功的锻炼都是三者的具体结合和应用。

一、姿势的锻炼

气功锻炼的基本方法是指气功指导者和练习者必须理解或掌握的不同技能方法。目前，它们一般分为三类：身体调节、呼吸调节和心脏调节。"三调"的分类始于隋朝智颐的《童蒙止观》。然而，每次气功锻炼都是身体、呼吸和心脏调节的有机结合。

（一）身体调节

身体调节意味着调整身体，也就是姿势的练习，也称为摆姿势。指练习者在练习时所采取的姿势和形态。练习时，有必要在规定的练习时间内使身体各部位处于适合生理和自然的状态，以便于全身放松，集中精力和运用思想。姿势练习通常分为四类：坐、卧、站和走。在这四个类别中，根据体育锻炼的实践总结出了许多具体的姿势，其中坐、卧、站的应用较为普遍，而步行姿势的应用较少。

1. 坐式

坐式是练习中最常用的姿势。常见的姿势有以下几个。

（1）平坐式

坐在方形凳子或椅子上，自然垂直，头部垂直，肩膀、胸部放松，眼睛轻轻闭上，双手轻轻放在大腿上，腰部自然伸直，腹部放松，臀部的三分之一或一半坐在凳子和椅子上，应保持稳定，凳子和椅子的高度应适当。双脚平行且分开，膝盖之间的距离与肩膀的宽度相同，或两个拳头之间的距离相同，平坐是最常见和常用的坐姿。因身体虚弱而不能坚持很长时间的患者还可以使用坐姿和水平姿势结合。

（2）靠坐式：斜靠在扶手椅或沙发上。振动的具体方法类似于平坐。但是，靠背可以稍微靠在椅子的靠背上，双脚可以稍微向前伸展。它适用于老年人和脆弱的患者。

（3）盘坐式

可使用矮木方凳，板凳表面应为方形，稍大一些。地面上的普通木床或坑床、枕头或蒲团也可。盘坐可分为三种类型：①自然平坐：身体上部与平坐位置相同，身体略微向前倾斜，臀部略微抬高，两条腿交叉，左上、右下或左上和左下；双手轻轻交握，放在腹部或大腿前面。将左脚放在右腿上，或将右脚放在左腿上，其余与自然盘腿方式相同。②双平面：左脚放在右腿上，右脚同时放在左腿上，双脚朝上；其余部分与盘腿相同。以坐姿坐着有助于保持头脑冷静，而且由于下肢轻微紧张，很容易缓解上身和头部的紧张。

（4）跪坐式

双膝跪在地上，脚掌朝上，身体自然地坐在脚底上，双手轻轻握住，放在腹部前面，其余就像平坐一样。

2.卧式

卧式是气功锻炼中使用较多的一种姿势。其中，仰卧最为常见，古代称之为"正身偃卧"。陶弘景在《养性延命录》中提出了"屈膝侧卧"和"益人气力"的理论。

（1）仰卧式

躺在床上，全身仰卧，头部直立，枕头高度合适，嘴巴和眼睛轻轻闭合，四肢自然伸直，双手放在身体旁边或叠放在腹部。此方式适用于身体虚弱的患者在睡前练习，也很容易入睡或产生睡意。

（2）侧卧式

躺在床的一侧，左右两侧，但通常是右侧。腰部略微弯曲，身体呈拱形。头部略微缩，稍含胸，轻轻闭上嘴和眼睛，上掌自然侧放，下掌放在枕头上，手掌自然伸展，自然伸直小腿，弯曲小腿上的大腿。

（3）三接式

左侧或右侧躺下，按压下侧手掌劳宫穴，按压上侧肘部曲池穴；腿的上半部弯曲并抬起。上膝合穴：上足涌泉穴，与下膝合穴相连。三接式适用于身体虚弱的人。

（4）半卧式

在仰卧的基础上，抬起身体顶部和头部，倚靠在床上，或将某物放在膝盖下。该方式适用于患有心脏病、哮喘病和体力极差的人。

3. 站式

站式除古代动功外,在静中采用得比较少,在《诸病源候论》中仅有立身、倚壁、蹲踞等少数几种。现代常用的有以下几种。

(1) 三圆式:也称为抱拱式。保持双脚左右分开,与肩膀同宽。站成半圆形,膝盖微微弯曲,臀部收拢,腰部伸直。不要挺直胸膛,两手与胸部平,作环抱树干状。双手的手指像抱球一样抓握。双手的手掌相对,相距约20厘米,双脚、手臂和双手皆呈圆形。保持头部挺直,睁开眼睛,直视前方目标,或俯视前方1或2米处地面上的目标。嘴巴轻轻地闭上,舌尖轻轻地抵住上颚。

(2) 下按式

双脚左右分开,距离与肩膀的宽度相同,手臂在两侧下垂,双手手指笔直向前伸,手掌压向地面。其他姿势同三圆式。

(3) 伏虎式

左脚向前迈步,两脚,形成丁字步。稍微下蹲,前后腿成90度角。左手放在左脚上方,右手放在右膝上,距离膝盖约15厘米。头部挺直,眼睛直视左前方。

1. 走式

走式原本是气功锻炼中使用最少的姿势,练习方法如下:身体自然直立,双脚平行分开,双手叠放在小腹上。左脚向前迈一小步,左膝自然伸直,左脚放在地上,大脚趾向上;同时,右膝略微向下弯曲。然后左脚的脚底全部接触地面,左膝略微向前拱起,上身向前弯曲,慢慢抬起右腿,向前移动,与左脚平行,轻轻地将右脚趾压向地面,并稍微弯曲膝盖。之后,右脚向前移动,然后从左到右交替向前移动。睁开眼睛,直视前方,或者向下看你的脚趾。头部挺直,肩部和肘部松弛,上身自然舒适。一次可以走20~30步。走太极步是一种下肢运动,适合老年人锻炼腰部和双腿。

虽然不同的练习姿势是从日常生活中的姿势发展而来的,但它们都有其独特的形式和要求,练习时需要遵循"四要、两对"。四要:轻轻地闭上嘴，轻轻地闭上眼睛，露出丝光；放松肩膀，降低肘部；放松颈部和胸部；放松腰部和腹部。两对：从前面看，鼻子和肚脐形成一条直线；从侧面看，耳朵与肩膀垂直。

姿势的选择和应用必须基于专业人士的条件、体格、练功阶段、气候、环境、习惯和其他条件，且要有一定的规范，从粗到细的逐步适应过程不应被忽视。为了让练习者更好地理解姿势的练习，指导者经常检查和纠正是非常重要的。身体调节包括动态运动中的固定程序动作，或根据需要不断变化或移动的姿势。

（二）调息

调息就是练习呼吸，简称练呼吸。它要求在气功锻炼中，自觉注意呼吸的调节，不断试验、掌握和使用适合自己身体状况的呼吸方法。在古代被称为吐纳，用于炼气、理气等。

1. 自然呼吸

一般的呼吸，但需要比平常更柔和，是呼吸练习的起点。自然呼吸有三种形式。① 胸部自然呼吸：呼吸时胸部随呼吸起伏；②腹部自然呼吸：呼吸时腹部随呼吸起伏。③自然胸腹呼吸：呼吸时，胸部和腹部同时随呼吸起伏。

2. 腹式呼吸

从自然呼吸到逐渐锻炼，内脏功能可以得到改善。练习腹式呼吸可以在呼气时轻轻收缩腹肌；吸入时，腹部肌肉放松。经过一段时间的练习，腹部的起伏可以逐渐自然地增加。几种常见的腹式呼吸有：①顺呼吸。即一般腹式呼吸。吸气时腹部逐渐隆起，呼气时腹部逐渐收缩。② 逆呼吸。吸入时腹部肌肉逐渐收缩，腹部呈凹形。呼气时腹肌自然放松，腹部逐渐隆起，形成与上述前向呼吸相反的呼吸模式。人们普遍认为，反向呼吸能更好地增强肠道和胃的功能。② 脐呼吸。这是一种非常轻、缓慢和柔软的腹式呼吸，腹部几乎不动。它的名字源于想象脐带部分在呼吸。古人称之为"胎息"。

一般来说，在静功练习开始时，主要是关于如何使姿势舒适，放松身体，平静情绪，然后注意调节呼吸。如果一开始就强调呼吸，反会感到急促和气喘吁吁。

至于呼吸的形式，最早见于《安般守意经》，有风、喘、气、息的呼吸四相之说。风相指的是呼吸急促，你可以听到自己的呼吸声；喘相指的是即使你听不到自己呼吸的声音，你仍然会感到呼吸不畅；气相指的是，虽然呼吸是无声的，没有停滞，但不够精细和均匀；息相指在高度安静的情况下，深、长、匀的呼吸方式。

为了练习好呼吸，我们应该注意以下几点：呼吸练习应该在自然的基础上进行，自然放松，不刻意；在进行呼吸练习时，我们应该循序渐进，不要急于求成；呼吸练习也应该有练有养，尤其是在"安静"状态下，呼吸应该是连续的和自然的；深、长、细、均匀的呼吸不是主观硬造的。我们必须牢记古人的告诫：使气则竭，屏气则伤。

（三）调心

调整心态就是调定心意，也就是锻炼心态。简而言之，它指的是如何"炼意"，指如何在实践中专注于身体、所选部位或某物；不断消除干扰，让人可以安静地按需练习功夫，从而体验身体的各方面情况；并有意识地不断调整，使其更有利于充分发挥意识的能动作用，从而更好地得到实践的效果。古代功夫中修炼、滋养精神，保持精神和思维都属于心灵调节的范畴。具体锻炼方法如下。

1. 注意身体放松

有意识地把姿势摆得安稳妥当，舒服自然，并使之放松，同时把放松的要求贯彻在整个练功过程中，以解除各方面的紧张状态。

2. 注意身体某一部位

在整体较为安静的基础上，把意念放在身体某一部位，通常称之为"意守"或"凝神"。常用的意守部位，大都是经络上的穴位，一般以脐中或下丹田为主。

3. 注意呼吸

在注意放松的基础上，为了有意识地使呼吸缓慢，杂念排除，如采用

数息、听息、随息等方法，

4. 注意默念字句

注意呼吸的同时，默念字句，如吸气时默念"静"，呼气时念"松"，或类似这样的词句，是给练功者一种良性暗示，可起安静放松等诱导作用。

5. 注意身体外部

难以注意身体内部的人，可注意外界环境某一目标，如花朵，绿树、墙壁、天空、静物等。当杂念纷起，心情烦躁时可采用。

在锻炼心态方面，古代功法中还有一种在返观内照的基础上，用想象的办法，制造一种幻想、幻观的方法，一类称存想，一类称观相。在练意过程中，还要注意不断地去克服昏沉以提高练功质量。

二、练气功的要领

练功的基本要素是指所有类型的练习必须遵循的一些基本要求。除静功和动功的练习外，还有很多种气功练习功法。然而，尽管有很多方法，但它们之间有一些内在联系，并且有一些共同的原则可以遵循。

（一）松静自然

①松。首先，在训练过程中一定的紧张感会得到缓解，这是一种紧凑性趋于平衡的体验。在实践中，我们应该不断缓解各种病理和生理紧张，消除不良情绪。这样一个特定的过程也是一个放松的过程。其次，具体实践中所体现的放松方法的内容可以分为内部的、外部的、深层的和表层的。在练习中，放松身体、四肢和肌肉的张力是一种"外部放松"；而在呼吸中释放紧张，集中注意力和运用思想是一种"内心放松"。一般来说，"外部松动"比"内部松动"更容易掌握。

②静。不仅是练习中保持情绪平静的需要，也是一种实践体验。练习气功所需的宁静包括室内环境的宁静和室外环境的宁静，如心灵的宁静和思想的集中。练习时要正确处理"内静"与"外静"的关系，把内静视为

第一静，把外静视为第二静。

（二）动静结合

一方面，它意味着在修行的安排上，强调静态能力和动态能力的紧密结合，从而不断提高修行者的体质，因为"能动能静，可以长生"，它意味着在练习动态能力时，我们应该掌握"动中静"，在练习静态能力时，我们应该理解"静中动"，并且能够"动中求静，静中有为，动静有作"。因此，只有将两者结合起来，才能完全改善练功者的健康状况，恢复体力。因为静功主要是锻炼身体内部，但没有体力活动、肌肉和骨骼锻炼，所以单独练习静功会减缓体力的恢复。动与静的良好结合可以相互促进，不断提高练习质量。通常，在练习静功之前，先做一些动功部分。把注意力集中在行动上，这很容易促进内心的平静。在静功之后，做一些其他的动功部分，这可以在内力积累的基础上增加活力。因此，在练习动功时，应该在动功环境下保持头脑冷静，记住呼吸的次数。当练习冥想时，越平静，就越能体验到体内的气血活动，一些感觉也就越明显。正确地掌握和体验这种"内功"，有助于集中精力思考，消除干扰，提高练习质量。

（三）练养相兼

练与养是实践过程中的两种不同状态。"练"指的是一系列过程，比如在练习中有意识地调整身体、摆好姿势、放松身体、掌握呼吸、集中思想和消除干扰。"养"是指经过上述一系列有意识地锻炼以后，所出现的身体轻松舒适，平静的状态。练习者需要通过不断的调整有意识地保持这种静养状态，有时这种静养状态可以维持很长时间，有时可以维持很短时间。练习者应该积累这方面的经验，更多地形成这种静养状态。从广义上讲，动功和静功之间也存在练和养的问题，做动功是练，做静功是养，可以在相互促进中发挥更重要的作用。

（四）意气相依

意是指练功中意念的运用，气是指呼吸之气和练功中的内气感觉。相依是两者在关系上不能片面强调以意为主或以气为主，而是要互相依存。

意气相依是指不要片面强调以意领气（呼吸）。由于在练功中呼吸要柔细匀长，如春蚕吐丝；或要腹式呼吸起伏大，要能如"真人之息以踵"等，于是故意拉长呼吸，停闭呼吸"鼓肚子"等，这些都属于片面强调"以意领气"的现象。呼吸的深长细匀，是在练功过程中，情绪安宁，注意集中的基础上慢慢出现的。如清代薛阳挂的《梅华问答编》上说"心静自然息调，息调自然神凝，所谓心息相依，息调心定者也"。即使在临床上根据具体情况需要使用某一种呼吸方法时，也要注意循序渐进，切忌矫揉做作。

（五）准确柔活

是指在动功锻炼中，进行肢体活动，自我按摩，自我拍击等时，身体姿势一定要正确，动作要合乎规范。要求对动作的起落、高低、轻重、缓急、虚实分辨清楚；对举动、部位、手法、次数、神态、用意、呼吸记清楚，恰到好处。所说柔活，是指操作时，除注意准确外，还要不僵不滞，举动柔和灵活。此外，对动作的轻重、节数、次数等，也要从身体情况出发，注意循序渐进；对静功的姿势锻炼，既按要求进行，也要灵活掌握，才能恰到好处。

（六）循序渐进

是指在气功锻炼印，一方面要强调练功者，发挥主观能动作用，在功夫上有所前进；另一方面要强调按照练功规律，在功夫上循序而行，这就是循序渐进的两个内容具体地说，在气功锻炼的过程中，要根据方法的要求和自己身体的实际情况，去领会各种锻炼方法的不同作用，分别在什么情况下，应用什么样的方法，不断总结自己的练功经验，及时与指导人员交流练功情况，取得具体指导，以长进功夫，取得效果。

第二节　武术运动体适能训练

一、手型

（一）拳

五指并拢紧握，拇指压于食指、中指第二指节上。

（二）掌

拇指弯曲紧扣虎口处，其余四指伸直并拢向后伸张。

（三）勾

五指第一指节捏拢在一起，屈腕。

二、手法

（一）冲拳

两脚左右开立，与肩同宽，两拳抱于腰间，肘尖向后，拳心向上，拳从腰间旋臂向前快速击出，力达拳面。平拳为拳心朝下，立拳为拳眼朝上。

（二）架拳

两脚左右开立，与肩同宽，两拳抱于腰间，肘尖向后，拳心向上，右拳经左向右上划弧架起，拳眼朝下，目视左方。

（三）推掌

两脚左右开立，与肩同宽，两拳抱于腰间，肘尖向后，拳心向上，拳变掌由腰间旋臂向前立掌推击，同时要拧腰、顺肩、出掌快速、力达掌外沿。

（四）亮掌

两脚左右开立，与肩同宽，两拳抱于腰间，肘尖向后，拳心向上，右拳变掌由腰间向右、向上方划弧，至头部右前方时抖腕亮掌，臂呈弧形，掌心向上，目视左方。

三、步型

（一）弓步

左脚向前迈一大步，前脚微内扣，全脚着地，屈膝半蹲，大腿与地面呈水平，膝部约与脚尖垂直；后腿挺膝伸直，脚尖内扣斜向前方，两脚全脚着地，上体正对前方，两手抱拳于腰间，目视前方。

（二）马步

两脚左右开立约为本人脚长的三倍，脚尖正对前方，屈膝半蹲，大腿成水平，两手抱拳于腰间，目视前方。

（三）虚步

两脚前后开立，后脚尖外斜向前，屈膝半蹲，全脚着地；前腿微屈，脚尖虚点地面稍内扣，脚面绷直，重心落于后腿，两手叉于腰间，目视前方。

（四）仆步

一条腿全蹲，大、小腿靠紧，臀部接近小腿，全脚着地，膝与脚尖稍外展；另一条腿挺直平扑，全脚着地，脚尖内扣，两手抱拳于腰间，目视侧前方。

（五）歇步

两腿交叉屈膝全蹲，左前脚全脚着地，脚尖外展；右脚跟离地，臀部坐于后腿接近脚跟处，两手抱拳于腰间，目视左前方。

（六）丁步

两腿半蹲并拢，一脚全脚着地支撑，另一脚尖点地，贴于支撑脚弓处，两手抱拳于腰间，目视前方。

四、步法

（一）插步

两脚左右开立，与肩同宽，两手叉于腰间，一脚经支撑脚向后横落一步，脚前掌着地，两腿交叉，重心偏于前腿。

（二）击步

两脚左右开立，与肩同宽，两手叉于腰间，后脚提起，前脚随即蹬地前纵，在空中，后脚碰击前脚，后前脚依次落地。

（三）垫步

两脚左右开立，与肩同宽，两手叉于腰间，后脚提起，向前脚处落步，前脚立即蹬地向前上方跳起，将位置让于后脚，然后向前落步。

五、腿法

（一）正踢腿

两脚并立，两臂侧平举，立掌或握拳，一脚上步直立，另一腿挺膝，脚尖勾起向前额处猛踢，目向前平视。

（二）斜踢腿

两脚并立，两臂侧平举，立掌或握拳，一脚上步直立，另一腿挺膝，脚尖勾起向异侧耳际猛踢，目向前平视。

（三）侧踢腿

两脚并立，两臂侧平举，立掌，右腿上步，脚尖外展；左脚跟稍提起，身体略右转，两臂前后平举。随即左腿挺膝勾脚向左耳际踢起，右臂上举亮掌，左手立掌于右肩前，目向前平视。

（四）外摆腿

两脚并立，两臂侧平举，立掌或握拳，一脚向前上半步，另一腿脚尖勾紧做斜踢、经面前向同侧摆动，直腿落在支撑脚旁，目视前方。

（五）里合腿

同外摆腿，区别之处在于由外向内合。

（六）拍脚

并步直立，一脚向前上半步，支撑腿直立，另一腿挺膝绷脚面向上猛踢，同侧手在额前迎拍脚面，另一臂侧上举成立掌，目平视前方。

六、屈伸性腿性

（一）弹腿

两腿并立，两手叉于腰间，另一腿屈膝提起与腰平，脚面绷直，猛力向前弹出，大腿与小腿成一直线，高与腰平，支撑腿直立或微屈，目平视前方。

（二）蹬腿

同弹腿，区别之处在于脚尖勾起，力达脚跟。

（三）侧踹腿

两腿并立，两手叉腰间，然后两腿左右交叉，右腿在前稍微屈，随即，右腿伸直支撑，左腿屈膝提起，腿尖勾起内扣用脚跟猛力向侧上方踹出，高于肩，上体向右侧微倾，目视侧踹腿。

七、肩功

仆步抡拍：并步站立，左脚向左迈一步成左弓步，上体随之左转，右掌向左前下方伸出，掌心向里，掌指斜向下，左掌插于右肘关节节处，掌心斜向下，掌指向右。上动不停，上体右转成右弓步，同时右臂由左、向上、向右抡臂至右上方，左掌下落至左下方。随即，上体右后转，同时右臂直臂向下、向后抡至右后方，左臂直臂向上、向前抡至前上方。上动不停，上体左转成右仆步，右臂直臂向上、向右、向下抡至右腿内侧拍地，左臂向下、向左抡臂停于左侧上方，目视右手。

八、跳跃动作

并步站立，右脚上步，上体略后仰，左臂向头上摆起，右背自然摆至身后，左腿向上、向前摆踢，右脚蹬地跃起身体腾空，右臂由下向头上摆起，右手背迎击左手掌，在空中，右腿向前上方弹踢，脚面绷直、脚高过肩。左腿收控于右腿侧，脚尖向下，右手迎击右脚面，左掌成勾手平摆至左上方，目视前方。

第三节 健美操运动体适能训练

通过基本的运动实践，我们可以树立正确的健美操基本观念，培养运动的协调性和健美操的专项意识，全面均衡地锻炼肌肉，提高控制身体平衡的能力，还能做出优美的动作和优雅的姿势。

一、健身健美操身体各部位基本动作

（一）常用的基本手型

①基本手型：拇指指关节弯曲内扣，其余四指并拢伸直。
②直手：五指伸直互相并拢。
③撑掌（分掌）：五指用力分开伸直。
④推掌：手掌用力上屈，五指自然弯曲。
⑤西班牙舞手型：五指分开，小指内旋，拇指稍内收。
⑥圆手型：拇指与中指靠拢，食指稍分开，无名指和小指向中指靠拢并稍向内扣成弧形。
⑦剑指：拇指与无名指、小指相叠，中指、食指并拢伸直。
⑧响指：无名指与小指屈握，拇指与中指、食指摩擦后，中指击打大

鱼际处产生响声。

⑨"V"指：拇指与小指、无名指相叠，食指与中指伸直并尽力分开。

⑩拳：拇指握四指。

（二）基本站立动作

①直立：头颈、躯干和脚保持在一条直线上。

②开立：两脚左右分开与肩同宽或略宽于肩。

③点地立：一腿直立，另一腿向各方向伸直，脚尖点地，包括前、侧、后点地立。

④提踵立：两脚跟提起，用前脚掌站立。

⑤弓步：两腿前后或左右开立，一腿绷直，另一腿弯曲，屈腿的膝部与脚尖垂直，包括前、侧、后弓步。

⑥跪立：大腿与小腿成直角的跪姿，包括双腿跪立，单腿跪立。

（三）头颈基本动作

①屈：指头颈关节角度的弯曲，包括前屈、侧屈（左右）和后屈。

预备姿势：开立、两臂置于体侧。

前屈：下颌回收，低头下看。

后屈：下颌朝上，头后仰向上看。

侧屈：头向下侧屈，一耳对肩部，一耳朝上。

②转：指头颈部绕身体垂直轴的转动，包括左转、右转。

动作做法：头沿垂直轴向左（右）转90º。

③绕和绕环：指头以颈为轴心的弧形、圆形运动，包括左、右绕，左、右绕环。

绕：头从左侧上方绕至右侧上方或动作相反.

绕环：头从一侧屈经前向另一侧经后屈还原的360º绕旋动作。

动作要求：做动作时，上体保持正直，头颈移动的方向要准确，颈部被动肌群充分伸展。

（四）肩部基本动作

①提肩和沉肩：肩胛骨向上运动，包括单肩提、双肩同时提和依次提。

肩关节沿垂直轴做上、下运动。包括单肩提（沉）、双肩同时提（沉）和依次提（沉）。

②绕及绕环：以肩关节为轴做小于360°的弧形运动360°及360°的以上的圆形运动。包括单肩向前（后）绕或绕环，双肩同时或依次向前（后）绕或绕环。肩关节在矢状面向前或向后做小于360°圆周运动。大于或等于360°的圆周运动。

动作要求：动作幅度大而有力。绕肩时上体不能摆动，头颈不能前探。

（五）上肢基本动作

1. 举

以肩为轴，臂的活动不超过180°而停止在某一部位的动作。

包括单双臂的前上举、前下举、后下举、下举、侧举、侧上举、侧下举等。

动作要求：部位准确，路线清晰，手型变化明显。

2. 屈、伸

关节产生一定的弯曲角度。包括胸前屈、胸前平屈，肩侧屈、肩侧上、下屈、胸前上屈，腰侧屈、头后屈。

①胸前屈：两臂胸前屈，前臂与地面垂直，握拳，拳心向内，两臂可做前、后、左、右、上、下方向的伸展。

②胸前平屈：两臂胸前屈，前臂与地面平行，掌心向下，两臂可做前、侧、上、下方向的伸展。

③肩侧屈：两臂侧屈，肘自然下垂，指尖触肩，两臂可做前、侧、上、下方向的伸展。

④肩侧上屈：两臂肩侧屈，肘抬起正对侧方向，上、前臂成90°，掌心相对，指尖向上。两臂可做前、侧、上方向的伸展。

⑤肩侧下屈：同（4）方向相反。

⑥胸前上屈：两臂前举，掌心向后，肘弯曲，指尖向上。

⑦胸侧屈：两手叉腰.四指并拢在前，拇指在后。

⑧头后屈：两臂肩侧上屈，两手扶头，中指相触或两手重叠匚

3. 振

以肩为轴，臂用力摆至最大幅度。包括上举、下举后振、侧举后振。

4. 旋

以肩或为轴做臂旋内或旋外动作。

5. 绕及饶环

双臂或单肩向内、外、前、后做180°以上360°以下弧形运动，双臂或单臂向前、向后、向内、向外做圆形运动。

动作要求：上体保持正直，位置要准确，幅度要大，力达身体最远。

（六）胸部基本动作

①含胸：

两臂内合，缩小胸腔。

②挺胸：

两臂外展，扩大胸腔。

③移胸：

做胸左、右的水平移动：动作要求。

含、挺、移胸要到最大极限。

（七）腰部基本动作

①屈：下肢不动，上体沿矢状轴和水平轴的运动。包括前屈、后屈、左、右侧屈。

②转：下肢不动，上体沿垂直轴扭转，可左、右转。

③绕及绕环：下肢不动，上体沿垂直轴做弧形、圆形运动，可做左、右绕和绕环。

动作要求：身体远端尽力向外延伸，绕环幅度要大，充分而连贯。

（八）髋部基本动作

①顶髋：髋关节做急速的水平移动。包括左、右、前、后顶髋。

②提髋：髋关节急速向一侧上提的动作，包括左、右提髋。

③绕髋和髋绕环：髋关节做弧形、圆形移动，包括左、右的绕和绕环。

动作要求：髋关节做顶、提、绕和绕环时应平稳、柔和协调、稍带弹性。

（九）下肢基本动作

①踏步：两腿交替，无腾空。

②跑跳步：两腿交替有短暂腾空过程。

③并腿跳：双腿并拢、直膝或屈膝跳。

④开合跳：并腿跳至开立、分腿跳至并立。

⑤吸腿跳：单腿跳起、同时另一腿屈膝同前、侧上踢。

⑥踢腿跳：单腿跳、同时另一腿直腿向前、侧高踢。

⑦弹踢腿跳：单腿跳、同时另一腿向前或向侧弹踢腿。

⑧侧摆腿跳：单腿跳、同时另一腿向侧摆动°

⑨后踢腿跳：两腿交替或单腿，向后踢腿跑跳。

⑩弓步跳：并腿跳起，落地时成前、侧、后弓步、身体稍前倾、立腰收腹。还原时屈膝缓冲。

动作要求：跳跃要轻松自如，有弹性、弹踢时力达最远端，蹲时上体正直，注意呼吸配合。

二、健美操基本动作组合

（一）头颈动作组合

预备姿势：两腿开立、两臂置于体侧。

一八拍：

1—2拍前屈下颌回收低头下看，双腿屈膝半蹲。

3—4拍还原。

5—6拍后屈下颌朝上，双腿屈膝半蹲，头后仰。

7—8拍，同1—4拍。

二八拍：

1—2拍头颈向左侧屈，双腿屈膝半蹲。

3—4拍还原。

5—6拍同1—2拍方向相反。

7—8拍同3—4拍。

三八拍：

1—2拍左侧转头90°，双腿右侧弓步。

3—4拍还原。

5—6拍，同1—2拍，方向相反。

7—8拍，同3—4拍。

四八拍：

1—4拍，头由右向左绕环一周，5—6拍同1—4拍，方向相反。

（二）肩、胸部动作组合

预备姿势：两腿开立，两臂自然下垂。

一八拍：

1拍左肩上提2拍左肩还原，重心移至左腿。

3—4拍，同1—2拍，方向相反。

5拍双肩上提，6拍双肩还原。

7—8拍，同5—6拍。

二八拍：

1—2拍，左肩由前向后绕环。

3—4拍，左肩由后向前绕环还原。

5—8拍，同1—4拍，换右肩。

三八拍：

1—2拍屈膝半蹲，低头含胸，同时两臂胸前交叉，握拳，拳心相对。

3—4拍两腿蹬直，抬头展胸，同时两臂内旋体前交叉，掌心向内。

5拍屈膝半蹲，低头含胸，同时两臂内旋体前交叉，掌心向内。

6拍左腿侧伸点地勾脚，右腿屈成侧弓步，同时两臂经侧摆至侧上举，变合掌为掌心相对。

7拍，同5拍。

8拍同6拍，方向相反。

四八拍：

1拍胸向左侧移，手臂保持不动。

2拍还原成预备姿势。

3拍同1拍方向相反，4拍同2拍。

5拍左转体90°，重心移至左腿，右脚后点地，同时低头含胸，两臂前下摆，手背相对。

6拍右腿后伸成分腿开立，同时两臂经上向后拉展胸。掌心向前。

7—8拍，同5—6拍方向相反。

（三）腰、臂部动作组合

一八拍：

1拍上体向左侧屈，同时左臂体前右摆，右臂上举左侧摆（掌心相对）。

2拍，上体向左转体90°下压，与地面平行，同时左臂侧举，右臂前举，掌心向下。

3拍，身体左前下屈，同时两臂上举，手掌撑地。

4拍还原。

5—8拍，同1—4拍动作方向相反。

二八拍：

1拍向左转体，重心移至左腿，同时两臂经体前摆至胸前屈，掌心向内：2拍，重心移至两腿，同时两臂摆至体前，双腿成弓步。

3—4拍，同1—2拍方向相反。

5拍动作同1拍，惟两臂伸直摆至前侧上举，手变掌，掌心相外。

6拍，同2拍动作。

7—8拍，同1—2拍方向相反。

三八拍：

1—4拍保持预备姿势。

5拍，左腿屈膝内扣，同时向右顶髋。

6拍，右腿屈膝内扣，同时向左顶髋。

7—8拍，同5—6拍。

四八拍：

1拍，左腿屈膝内扣，同时向右顶髋，两臂胸前平屈掌心向下。

2拍，右腿屈膝内扣，同时向左顶髋，两臂下伸掌心向后。

3—4拍，同1—2拍，方向相反。

5拍，腿和髋的动作同1拍，同时两臂经侧至头上交叉1次后成千上万举合掌、掌心向前，抬头。

6拍，腿和髓的动作同2，同时两臂经侧至头上交叉1次后战上举。

7拍，腿和髓的动作同1拍，同时两臂肩侧屈手指触肩，头向右转。

8拍，腿和髓的动作同2，同时两臂还原至体侧掌心向内，头还原。

（四）跑跳动作组合

预备姿势：两腿开立，两手叉腰一八拍：

1—2拍，原地不动。

3—4拍，两脚弹动两次。

5—6拍，跳成并立，同时两脚弹动两次。

7拍，跳成开立。

8拍，跳成并立，同时两臂落至体侧。五指并拢，拳心向内。

二八拍：

1拍，右腿后踢跑，

2拍，左腿后踢跑，

3拍，右腿后踢跑、同时两臂胸前屈。拳心向后。同时两手胸前击掌同时两臂肩侧上屈。拳心向内。

4拍，并腿，手同2拍。

5拍，并腿向左蹬跳成右侧弓步，左脚跟着地，同时左臂侧举拳心向下，右臂胸前平屈拳心向下，头稍左转。

6拍，还原成并立，同时两手胸前击掌。

7—8拍，同5—6拍，方向相反。

8拍两臂还原至体侧。

三八拍：

1拍，左腿向侧一步，同时左臂上举五指并拢，掌心向内，右臂前举五指并拢，掌心向内，目视前方。

2拍，提右膝同时向右转体90°，右臂胸前上屈拳心向后，左臂胸前平屈指尖搭在右上臂。

3拍，右腿后伸成左前弓步，同时左臂侧举掌心向下，右臂肩侧上举拳心向内，头向左转。

4拍，右腿还原跳成并立，同时两臂还原至体侧，掌心向内，头还原。

5拍，左腿提膝跳，同时两臂胸前平屈掌心向下。

6拍，还原成并立，同时两臂还原至体侧拳心向后。

7拍，右腿高踢跳。

8拍，右腿落下成并立。

四八拍：

同三1—8拍，方向相反。

五八拍：

1拍，跳成开立，同时左臂侧举拳心向下，头向左转。

2拍跳成并立，同时左臂肩侧上屈拳心向内，头还原。

3拍跳成开立，同时右臂侧举拳心向下，头向右转。

4拍跳成并立，同时右臂侧上屈拳心向内，头还原。

5拍跳成开立，同时两臂胸前屈拳心向后，头还原。

6拍跳成并立，同时两臂胸前平屈拳心向下。

7拍跳成开立，同时两臂上举五指并拢，拳心向前。

8拍跳成并立，同时两臂还原至体侧拳心向内。六一九八拍同二一五八拍，方向相反。

动作要求：跳跃轻快，富有弹性；上肢动作到位、有力度；整套动作节奏准确，富有表现力。

第四节 跆拳道运动体适能训练

一、跆拳道的使用部位术语和动作要求

（一）拳法

拳法在竞赛跆拳道中主要有正拳（也称平冲拳或直拳），在品势中则有正拳、勾拳、锤拳等。

①正拳（也称平冲拳或直拳）：将手的四指并拢握紧，拳面要平，然后拇指压贴于食指和中指的第二节上。使用正拳时，用拳的正面的食指和中指部分击打。

②勾拳：握法同正拳。使用时用食指和中指关节根部的突出部分击打。

③锤拳：握法同正拳。使用时用小指和手腕间的肌肉部分击打。

④平拳：向前平伸拳，然后把手指的第二节弯曲，指尖贴紧手掌，拇指弯曲紧贴食指尖，用第二指尖击打。

⑤中突拳：中指弯曲或食指从正拳握法中突出，主要是击打太阳穴和两柱肋部。

（二）掌法

①手刀：四指伸直，拇指弯曲靠近食指，用小指侧的掌外沿攻击对方。只局限于在品势中使用。

②背刀：此掌法与手刀基本相同，用食指侧攻击对方。只限于在品势中使用。

③贯手：手形与手刀基本相同，要求微屈中指，主要用四指指尖截击对方的要害部位，如攻击对方的眼睛、喉部等。只限在品势中使用。

（三）臂部

①腕部：腕关节的四周部位。主要用于防守格挡。

②肘部：用肘关节攻击，只限于在品势中使用。

③前臂和上臂：主要用外侧进行格挡防守，其中前臂的格挡在竞赛跆拳道比赛中经常被运动员所使用。

（四）脚部和膝部

跆拳道比赛中，运动员主要以腿攻为主，采用的脚的部位是脚面、足刀、脚尖和脚跟。

①脚面：用脚的正面部分攻击对方，主要用来踢击对方髋关节以上、锁骨以下被护具包围的部位和头部的侧面剖面。

②足刀：用脚外沿侧蹬对方，多用于侧、推踢。

③脚尖：主要用脚趾前端的部位进攻对方。

④脚跟：主要用脚跟后踢和推踢对方。

⑤前脚掌：主要用前脚掌攻击对方，多用于劈腿。

⑥膝部：用膝盖顶击对方，只局限于在品势中使用。

二、跆拳道品势中的步型

（一）准备势

两脚开立与肩同宽，身体自然直立，两脚尖略外展，两手握拳置于腹则。

（二）开立步

两脚开立与肩同宽，身体自然直立，两膝微屈，两脚尖正对前方，两手握拳置于体侧。

（三）马步

两脚开立与肩同宽，两脚尖平行或略内扣，挺胸直背，两腿屈膝半蹲，重心在两脚之间。

（四）弓步

前后脚分立，两脚相距一步半，前腿屈膝，后腿伸直，前腿膝关节与脚尖垂直，重心大部分在前脚上，左脚在前称右弓步，右脚在前称左弓步。

（五）后弓步（三七步）

前后脚分立，两脚相距约一步，后脚尖外展90度，后退屈膝如同骑马状，前腿膝关节略屈，重心大部分在后脚上。左脚在前称右后弓步，右脚在前称左后弓步。

（六）前探步（前行步）

如走路姿势。两脚之间距离小于弓步，上体略前倾，前腿膝关节略屈，重心大部分落在前脚上。左脚在前称左前探步，右脚在前称右前探步。

（七）虚步

与后弓步相似，前脚掌点地，脚跟提起，重心落在后脚。左脚在前称有虚步，右脚在前称左虚步。

（八）交叉步

一脚向另一脚的前侧（前交叉步）或后侧（后交叉步）落步，脚尖着地，两腿屈膝交叉。

（九）并步

提起一条腿并将脚置于另一腿的膝关节处，只用一条腿站立。

（十）单脚立

提起一条腿将脚的膝关节处，只用一条腿站立。

三、跆拳道技术锻炼

跆拳道技术教学是使学生学习和掌握完整的跆拳道技术，通过技术锻炼不断提高练习者的身体机能，学习和掌握跆拳道理论知识，提高自信心。跆拳道要通过技术训练，不断提高技术应用水平，培养良好的运动方式和竞赛方式，为取得优异的运动成绩奠定坚实的基础。

跆拳道技术训练必须遵循运动技能训练规律，掌握任何跆拳道动作都必须经历从学习之初的技术粗练阶段，到技术的改进和提高阶段，直至技术的巩固和应用。在这三个阶段的练习过程中，一般采用的练习方法有：

讲解法、演示法、分解法、整体法、重复法、间歇法、转化法、游戏法、竞赛法等。

在跆拳道技术锻炼中，除了要采用一般锻炼方法，还主要采用以下几种方法。

（一）慢速、快速重复练习

慢速重复练习适合练习者学习新动作。在学习新动作时，练习者应明确要求动作的具体细节，如身体姿势、重心高度、手臂位置、脚部工作动作、腿部动作路径、打击位置、最终姿势等。这将直接影响练习者将来对其他技术的掌握。在教练的解释、示范或自学之后，一般不立即快速练习，而是使用慢速模仿的练习。在这个时候，练习者不应过分追求打击的力度和行动的速度，也不应过分追求行动的打击力量、路径。一个动作不应该在一组中重复太多次。例如，5组10次的练习可以改为10组5次，这样即使动作错误也可以避免重复太多次造成肌肉记忆，还可以防止练习者感到无聊。在组数练习之间，教练应该面对面指导，或在镜子前，一遍检查一遍练习，并不断重复正确的动作，快速重复练习适合练习者练习独特的技能。当练习者的技战术达到自动化程度时，一般应选择几种比赛中常用的独特技能，并根据其特点反复强化。此时，练习者必须以最快的速度反复练习。

（二）结合身法和步法练习

通过慢速的重复练习学习基本动作后，根据实战需要，结合相应的身法和步法进行适当练习，使技术与实战紧密结合。例如，在练习旋转踢腿技术时，可以在向前迈一步后练习旋转踢腿，或者后退一步练习旋转踢腿，还可以先用身体摇晃引诱对方。通过这种方式，练习者可以避免烦琐而简单的步法练习，并能迅速将其与实战结合起来。

（三）想象实战练习

练习者在掌握了一些基本的技战术后，在单独训练时，应假定在实战中有对手与自己对抗，对手使用各种战术和技术来攻击或防御自己的各种进攻技术。从实战出发，选择不同的进攻和防守反击方式，进行假想的个人演练。这类演习可用于某一类演习准备活动的后半部分，也可在实战前以及演习强度增加时使用。

（四）互不接触的攻防练习

由于跆拳道是两个人之间的直接对抗，为了减少不必要伤害的发生，两个人应在运动中组成一个小组，一方主动进攻，另一方防守反击，或者两个人根据比赛需要进行有效的战斗，不相互接触，即点到为止。这种练习方法可以消除初学者的恐惧，防止运动损伤。但在这个过程中，我们也应该注意一些问题：

①练习者应学会保持足够的距离，不要太远或太近。

②要求练习者在运动中准确做出动作。

③由于练习者不能真正击打，他们往往敢于进攻，容易忽视力量和防守的实际转换。因此，为了避免粗心和凌乱的踢法，应该仔细了解步法的运用，抓住机会击打，并在练习时学习他人的长处。

（五）固定靶的练习

这是指用沙袋、大脚靶、多层防护装备和其他装备打击目标的练习。练习的目的不同，方法也不同。如果需要提高动作速度和打击力度，练习者应该在一定时间内迅速完成一定的动作；如果需要提高练习者的动作频率和耐力，则必须规定时间、组数。此外，根据比赛中常用的组合技术，还应布置几组固定组合靶练习：例如，3~5名练习者持不同高度和定位角度的脚靶目标，保持直线或不同方向，练习者轮流踢靶目标。

（六）配合"喂招"练习

跆拳道运动格外重视并经常采用的喂招方式为足靶和护具。要求配合着握住脚靶，并在技术练习中与练习者合作，如将脚靶与胸部平齐，让练习者旋转和踢腿。将脚的目标与头部平齐，让练习者练习高旋转踢腿。护具喂招则是配合着戴着护具，利用身体动作配合练习者的攻防。如果配合着想用轮换踢腿攻击，练习者将立即退出。这种练习不仅能有效地提高进攻、防守和反击的质量，还能提高练习者极大的准确性、步法的灵活性和良好的距离感。在练习过程中，还可能要求配合着改变喂招方式，如快速打靶或连续打靶，这不仅可以提高练习者的反应速度，还可以让练习者逐渐掌握动作之间的联系，以便与实战快速结合。以下是配合者使用脚靶进行连续喂招的方法之一：左手旋转踢—右手向下压—左手高旋转踢—右手后踢—双手交叉双飞—右手伸展对抗旋转踢—左手后旋转踢。

（七）条件实战练习

即提出实战要求并限制某些因素的方法。这种练习方法经常在跆拳道比赛中使用。如有必要，双方球员只能在一轮中使用旋踢进攻和用旋踢反攻；一方只能使用前旋踢腿和下压进攻，另一方只能使用后踢和下压反击。不允许主动进攻等。这种方法的优点是针对性强，可以有效锻炼和提高练习者在某一方面的能力。它通常用于实战和战术训练的初级阶段。条件性有效实战一般包括以下几个方面：

①同伴配合，创造时机和姿势以便进攻者完成进攻战术。

②同伴配合，创造时机和姿势以便进攻者完成防守战术。

③同伴配合，创造时机和姿势以便进攻者完成防守反击战术。

④同伴配合，不创造时机和完成技术的便利姿势，进攻者用自己的行动创造机会完成进攻战术或防守战术或防守反击战术。

⑤同伴配合，同时积极的防守，但不全力防守，进攻者全力完成进攻战术或防守战术或防守反击战术。

⑥双方运动员进行实战，一方进攻，一方反击，但都不十分用力。

⑦双方运动员进行实战，限制一方运动员的进攻技术。

⑧双方运动员进行实战，限制一方运动员的防守技术。

⑨双方运动员进行实战，限制一方运动员的防守反击技术。

⑩双方运动员进行实战，限制双方运动员的进攻技术。

⑪双方运动员进行实战，限制双方运动员的防守技术或防守反击技术。

⑫增加难度，与实力高于自己的同伴实战。

参考文献

[1] 符史强. 幼儿园开设体适能课程的可行性研究[J]. 内蒙古体育科技, 2017, 30(1): 92-94.

[2] 吴琦. 基于美国 SPARK 课程理念的小学体育教学实施效果的实验研[D]. 上海: 华东师范大学, 2014.

[3] 李涵, 汪晓赞. 基于"认知"的中小学体适能课程教育理论研究[J]. 体育研究与教育, 2011, 26(5): 56-59.

[4] 林莉. 我国中学导入体适能教育的可行性研究—从学生对体育课的评价进行考察[J]. 吉林体育学院学报, 2012, (3)28: 152-154.

[5] 王亚立. 美国健康体适能课程模式在我国普通高校的实验研究[J]. 体育与科学, 2010, (1)31: 104-108.

[6] 张建华, 殷恒婵, 钱铭佳, 杨铁黎. 美国最佳体适能课程及对我国的启[C]. 中国体育科学学会. 第六届全国体育科学大会论文摘要汇编(二). 中国体育科学学会: 中国体育科学学会, 2000: 699.

[7] 黄迎春. 大学生健康体适能教育模式的构建[J]. 辽宁经济职业技术学院, 2013, (2): 87-89.

[8] 季浏, 胡增荦. 体育教育展望[M]. 上海: 华东师范大学出版社, 2001.

[9] 金福春. 体育与健康[M]. 北京: 高等教育出版社, 2001.

[10] 李建芳, 陈汉华. 现代高校体育教学探索[M]. 北京: 北京体育大学出版社, 2001.

[11] 程娟, 李建设. 体适能理论进展与健康关系的相关研究[J]. 科技信息, 2007.

[12] 吴兴德. 美国体适能测试理念介绍[J]. 中国学校体育, 2010（10）: 78.

[13] 陈华卫, 窦丽. 美国智障青少年健康体适能测评标准解读[J]. 首都体育学院学报, 2017, 29（2）: 188-192.

[14] 孙安娜, 王强. 健康体适能在体育教学中的作用[C]. 北京服装学院学科专业建设年教研论文报告会, 2011: 12-17.

[15] 毋张明. 体适能研究发展综述[J] 体育科技文献通报, 2015, 23（11）: 130-131.

[16] 杜俏俏. 健康体适能的研究与应用现状[J]. 健康教育与健康促进, 2017, 12（4）: 304-308.

[17] 卢鹏涛. 非体育类大学生"体适能"心肺耐力评价指标及测试项目设置合理性的研究[D]. 西安: 西安体育学院, 2011, 5.

[18] 王玉华. 中日老年男性功能性体适能的比较研究[J]. 职业与健康, 2011, 27（13）: 1503-1504.

[19] 王荣辉, 章潮晖, 张一民. 我国国民体质评定相关标准的发展历程与研究进展[C]. 2015 全国体育科学大会, 2015: 87-92.

[20] 教育部国家体育总局. 学生体质健康标准[M]. 北京: 人民教育出版社, 2007.

[21] 郭静, 吴玉华. 对体质与健康体适能测试指标的比较启示[J]. 福建体育科技, 2012, 31（1）: 23-24.

[22] 成朝晖. 构建学生健康体适能自测评价体系的研究[J]. 安徽文学月刊, 2007（10）: 136.

[23] 魏勇. 体适能——学校体育的核心概念（下）[J]. 体育教学, 2008（12）: 64-66.

[24] 栾丽霞, 康冰心. 《国家学生体质健康标准》执行效力评价研究[J]. 武汉体育学院学报, 2016, 50（8）: 61-67.

[25] 李涵. 中美中小学体能教育之现状研究[J]. 山东体育科技, 2010, 32（4）: 73-74.